Anton Deimel

Sumerisch-Akkadisches Glossar

Register der deutschen Bedeutungen

ANTON DEIMEL

Sumerisch-Akkadisches Glossar

Register der deutschen Bedeutungen

Zusammengestellt von
ANITA RAJKAY BABÓ

OTTO HARRASSOWITZ · WIESBADEN

CIP-Kurztitelaufnahme der Deutschen Bibliothek

Rajkay Babó, Anita:
Anton Deimels Sumerisch-akkadisches Glossar,
Register der deutschen Bedeutungen / zsgest.
von Anita Rajkay Babó. – Wiesbaden : Harrassowitz,
1984.
 ISBN 978-3-447-02474-7

NE: HST, Deimel, Anton: Sumerisch-akkadisches
Glossar

© OTTO HARRASSOWITZ, WIESBADEN 1984
Otto Harrassowitz GmbH & Co. KG
Kreuzberger Ring 7c-d, 65205 Wiesbaden
produktsicherheit.verlag@harrassowitz.de
Alle Rechte vorbehalten. Photographische und photomechanische Wiedergabe
nur mit ausdrücklicher Genehmigung des Verlages
Printed in Germany

Dem Andenken Pater Deimels gewidmet

Pater Anton Deimels "SUMERISCH-AKKA-
DISCHES GLOSSAR", veröffentlicht 1934 in Rom, ist
immer noch ein unentbehrliches Hilfsmittel für
alle, die sich mit der sumerischen Sprache und Zi-
vilisation beschäftigen. Die Arbeit mit dem Glossar
auf Forschungsgebieten wie vergleichende Sprach-
wissenschaft, Etymologie, Glottochronologie, usw.,
wird dadurch erschwert, daß in ihm die Eintragungen,
wie es der Idee eines Glossars auch entspricht, nur
einseitig - Sumerisch/Akkadisch - Deutsch - angege-
ben werden.

Diese Schwierigkeit soll das vorliegen-
de Register mit den einfachsten Mitteln beheben. Es
registriert alle im Glossar vorkommenden deutschen
Bedeutungen in alphabetischer Ordnung, mit der Anga-
be der Seite, der Druckkolumne (l = links, r = rechts)
und der Lage der einzelnen Eintragungen innerhalb der
Kolumne (o = oben, m = Mitte, u = unten).

Die in Deimels Glossar nur spärlich vor-
kommenden grammatikalischen Eintragungen und einige
Angaben über Arithmetik sind auf Seite 68 gesondert
zusammengefasst.

Augsburg, 1984

A

ab	203 l, m	Absturz	199 l, m
abbrechen	144 l, u	abtrennen	54 r, o 135 l, o
abdämmen	171 l, u	abwenden	57 r, u
Abend	14 r, u 24 l, o	abwischen	26 r, m 77 l, o
	104 r, m 109 r, o	Abyss	7 r, o
	109 r, o 149 r, u	ach	3 l, u 99 l, o
	198 r, m		100 l, m
- am Abend	15 l, u	acht	109 r, u
abernten	5 r, o	Achte (der)	109 r, u
Abfall	205 l, m	Acker voll Gras	34 r, o
- bei Herstellung von Milch,		addieren	13 r, u 69 r, m
Brot, Bier	25 l, m		85 r, o
Abgabe (-n)	60 r, u 132 l, m	Ader	113 r, o
- eintreiben	144 l, m	Adler	5 l, u
	145 l, m	After	46 l, u 52 l, o
		Ahnen	143 r, u
- eine Art religiöse Abgabe		- bzw. ihre Statuen	92 r, o
	15 l, u	ähnlich sein	176 r, m
- der Hirten	76 r, u	Ahorn (?)	94 r, o
abgeschnitten	12 l, m	Ähre	16 l, o
abgetrennt werden	26 r, m	Akazienart	206 l, o
Abgetrenntes (?)	27 l, m	Alaun	11 r, u
abgetrenntes Stück	149 l, m	All (das obere)	15 r, o
abgrenzen	27 l, o 179 r, o	allein	3 r, u 84 r, o
- ein Gebiet	76 l, u	Allerheiligstes	29 l, m
Abgrund	15 r, m 132 l, u	Alles	208 l, u
	168 r, m	Aloe	146 l, o
- der Schlinge	22 r, o	als	100 r, m
- von Süsswasser	7 r, o	alt	23 r, m 156 r, o
- von Überfluss	191 r, u	Altar (e. Art)	116 r, o
abhängig von	80 r, u	Alter	6 l, u
abkneifen	149 l, o	altern (?)	44 r, u 156 l, u
ablösen	170 l, m	Alters (von - her)	104 r, m
abpflücken	30 r, m 145 l, u	(vor -)	106 r, m
- (?)	205 l, u	alt sein	179 l, m 200 r, o
Abrechnung (machen, tun)	7 r, u		209 r, m
abschälen	27 l, m 170 l, m	Ameise	29 r, m 143 l, u
abschliessen	37 l, m 47 l, m		151 l, u 151 r, o
	37 r, m 47 l, m		151 r, o 159 r, u
	57 r, u 101 l, u	Ameisenart (?)	201 l, m
	171 l, u 172 l, m	Amme	37 l, m 107 r, u
- das Wasser	49 l, m		107 r, u
abschneiden	41 l, m 52 l, m	Amtsverrichtung	92 r, u
	54 l, m 71 l, m	Amtszeit	24 r, u
	118 r, o 119 r, u	anbauen	11 r, u
	122 l, m	anblasen	30 l, m 31 l, o
	124 l, o 144 r, u	anblicken	30 r, o
	145 l, m 183 l, u	Anblicken	60 r, u
	192 r, m 192 r, m	andere (das - Ufer)	20 l, o
	192 r, u 201 l, u	ändern	4 l, o 6 r, o
	205 l, u		24 r, o 24 r, m
- Holz	192 r, m		24 r, m 24 r, m
- Holz/Kraut	145 l, m		56 r, o 146 r, u
Abstracta bildend	169 l, o		147 l, m 198 l, u

A

ändern e. Befehl		57 r, u	
ändern, sich		57 l, m	
anders sein	146 r, u		
Änderung	24 r, m		
Anemöne (?)	11 l, o		
anfachen	30 l, m	31 l, o	
Anfang	46 r, u	115 r, u	
	203 r, u		
anfangen	194 l, m		
- (zu dunkeln)		176 r, o	
anfassen	56 r, u		
anfüllen	48 r, o		
angeschirrt sein		153 l, u	
angesehen	140 r, u	185 r, o	
- (hoch a.)		140 r, u	
Angesicht	131 l, m		
angrenzend	67 r, u		
angreifen	198 r, o		
Angriff	120 l, m		
Angst	27 l, o		
anlegen	73 r, m		
anliegen, eng		113 l, m	
Annäherung	84 l, u		
Anordnung	65 l, u		
- , göttliche		148 l, m	
anpflanzen	73 r, m	84 r, u	
Anpflanzung	12 r, o		
Anrücken	120 l, m		
anschirren	153 l, u		
(schirrten sie an)		74 l, u	
anschwellen	107 l, u		
anspannen	64 r, m	74 l, m	
	153 l, u	159 l, u	
anstatt	97 l, o		
anstaunen	101 r, o		
Anstaunen	106 l, m		
Anstellung	182 r, u		
- (?)	178 r, m		
antasten	125 l, u		
Anteil	66 l, o	199 l, m	
Antiphon	45 r, m		
Antlitz	131 l, m	139 l, m	
	139 l, u	166 r, m	
	166 r, u		
- der Erde		131 l, m	
- hell werden von		58 l, m	
	59 r, o		
Antwort (?)	135 l, u		
antworten	48 r, u	57 r, u	
	58 l, o		
anzünden	17 r, u	35 r, u	
	36 l, m	58 r, u	
	133 r, u	142 l, u	
	165 l, o		
Apsu, Symbol des		197 r, o	
Arbeit	136 l, o	149 r, m	
Arbeiterberuf, e.		135 r, o	
Arbeiterschaft		108 r, u	
Arbeitsesel	16 l, u		
Archiv	76 r, m	88 l, m	
Archivar, Tafel-Korb		39 l, o	
Arm	4 r, o	4 r, o	4 r, m
- , Teil des A.		148 l, m	
	164 l, u		
Armlehne	116 l, u		
aromatischer Stoff, e.		13 l, u	
Arzt	4 l, u	10 r, m	
Asche	133 l, m	172 l, m	
Asphalt	94 r, u	146 r, o	
- , e. Art		3 r, u	
- :mit A.bestreichen		199 l, m	
Atem	70 l, m		
auch	100 l, m		
auf	17 l, u	103 r, m	
	103 r, m	103 r, m	
	103 r, u	203 l, m	
	207 l, u		
aufatmen	185 r, o	185 r, m	
- v.d.Anstrengung		77 l, o	
Aufbau, e. giebelförmige, am Hause		63 l, m	
aufdrücken	189 l, m		
Aufgang	17 r, u	27 r, u	
- d. Sterne		27 r, u	
aufgehen	23 l, u	28 r, o	
	88 l, u	88 l, u	
- , glänzend		122 l, o	
aufglänzen	194 l, m		
aufgraben, die Erde		36 r, u	
aufhäufen	43 l, o	47 l, u	
	57 r, u		
aufheben	74 r, m		
aufhören	40 r, m	42 l, o	
	69 l, o	144 l, o	
auflegen	55 l, o	76 r, m	
Auflehnung	24 l, u	147 l, o	
aufleuchten	11 r, u	17 r, u	
	30 l, m	30 r, o	
	35 r, u	70 l, m	
	70 l, u	82 r, m	
	122 l, o	126 l, m	
	146 l, u	163 l, u	
	163 l, u	165 l, o	
	165 r, m	198 l, o	
	200 r, o	200 r, m	
- v. Tage		33 l, u	
aufrichten	49 r, m	49 r, u	
aufrühren	154 r, o		
aufrührerisch		125 l, u	

A

Aufsatz	101 l, m	ausgehen lassen	4 l, m
aufschütten	36 r, o 153 l, m		88 l, u
- (Erde)	76 l, m	ausgerissen	160 l, u
- Erde/Getreide	76 l, m	ausgestreckt (?)	33 l. m
	206 r, u	ausgiessen	22 l, u 25 l, o
Aufseher	11 l, m 104 l, o		25 l, o 25 l, o
	183 r, u		25 l, o 72 l, m
aufsitzen	10 l, u 132 r, o		72 l, m 72 l, m
aufspeichern	55 r, u 56 l, u		72 l, m 76 l, m
	99 r, o		76 l, m 78 r, u
aufsteigen	88 l, u		83 l, m 173 l, u
aufstellen	49 r, u 113 l, m	- (e.Sprengopfer)	35 r, m
	173 r, u	- (Libation)	25 l, o
aufstossen (?)	60 l, o	Ausgussrohr	120 l, o
aufwachsen	178 r, o	ausheben	74 r, m
aufwühlen die Erde	80 r, m	aushöhlen	34 r, m 34 r, u
- , wie ein Schwein	80 r, m		80 r, o 80 r, m
Auge	92 r, m 129 l, u	Auslagen	5 r, o
	129 l, u 131 l, m	ausleeren	35 l, u
	131 l, m	auslöschen	112 l, u 178 l, m
- (?)	94 r, o		205 r, m
- berühren	131 r, u	auspressen	80 r, o 200 r, m
- brennen v. A.	74 r, m	- (Öl)	117 r, u
- erheben	40 l, m 126 r, o	ausraufen	35 r, o 77 l, m
- öffnen	75 l, o	ausreissen	30 l, m 74 r, u
- vernichten	131 r, u		142 l, o 145 l, m
- wegraffen	17 l, u		190 r, o
- zerstören	74 r, u	ausrotten	120 l, m
- zudrücken - d.Auge	80 l, m	ausrupfen	35 r, o
- d.Augen ausreissen	79 r, u	ausscheiden	26 l, u
Augen,beide	131 l, u 132 l, o	ausschliessen	26 l, u
Augenblick	92 r, m 207 r, m	ausschütten	72 l, m 76 l, m
- im A.	83 l, m		124 l, m 177 l, o
Augenkrankheit	131 r, u	Aussehen	129 r, m 129 r, u
Augenschminke	135 r, m	Aussenmauer	23 r, u
Augenstein (?)	88 l, o	Aussenseite	26 l, u 115 r, u
ausbreiten	27 l, o 28 r, u	aussergewöhnlich	27 l, o
	29 l, m 153 l, u	ausstrecken	19 r, u 28 r, u
	185 l, m		145 l, u 153 l, m
- (die Flügel)	70 l, o		173 r, o
	190 r, u 199 l, m	- , sich	120 l, m
- (sich)	83 r, m	austilgen	119 r, u
- weit ausbr.	175 r, u	Auswurf	105 r, m 106 l, o
ausfliessen	72 l, m 83 r, m	auswählen	183 l, u
Ausführung von ...	208 l, u	Auszeichnung	205 r, u
Ausgabe	120 l, u	ausziehen, etc.	191 l, u
Ausgang	4 l, m	Auszug	135 r, u
ausgedehnt sein	70 l,u 204 r, m	Axt (?)	62 l, o 62 r, u
ausgehen	129 l, u 133 r, u		128 r, m
	158 l, m	- Teil e. Axt (?)	96 l, o

B

Bach	34 r, u			135 r, o
	82 r, o	158 r, m	Beamtentitel	135 r, m
	181 r, u		Beamter	28 r, o	134 r, m
Backe	205 r, m			162 l, m	171 r, m
Bäcker	93 l, u			172 l, o
Backofen	84 r, m	136 l, u	- e. hoher	7 r, m
	172 r, u	172 r, u	beängstigend	139 r, u
	208 r, m	210 l, m	beauftragen	8 l, u
baden	101 l, u	206 r, o	bebauen	11 r, u	95 r, m
- d. Füsse		64 l, m		111 r, u	111 r, u
Balken	39 l, u	39 r, o	Bebauung	28 l, u
	110 r, m		beben	207 r, m
Band	26 r, m	42 l, m	Becken	192 r, u
	52 l, u	81 l, m	Bedarf	4 r, u
	81 l, u	81 r, o	bedecken	12 l, u	80 l, o
	83 l, m	84 r, u		80 l, o	198 l, u
	116 l, m	140 l, o		198 r, u	200 l, o
	142 r, o	143 r, o		200 l, o
	145 l, m	174 l, m	bedeckt	60 l, m
	197 r, m	203 l, m	- sein (vom Horn des
	203 r, o		Mondes)	86 r, u
Bandage	143 r, u		bedrängen	30 r, m	68 r, o
Bann	96 l, m	96 l, m		68 r, m	68 r, u
	197 r, m		Bedrängnis	99 r, m	152 l, o
bannen	7 l, u	20 l, u		153 r, u	179 l, m
	83 l, u	110 r, u	bedrängt sein		179 l, m
	205 l, o		beendet	23 r, m	26 r, o
Bär (?)	10 r, o		beendigen	170 r, m
Barbarenland (?)		14 l, o	Beerdigungspriester		24 l, o
barmherzig	171 r, o				
Bart	170 l, m		Befehl	4 r, u	5 l, o
Basalt (?)	9 l, u			5 l, o	5 l, o
Bau	101 l, m			8 l, u	30 l, u
Bauarbeiter		203 l, m		30 r, o	40 r, u
	203 r, m			48 r, u	93 r, m
Bauch (?)	120 l, u			149 r, u	
Bauch, etc.		210 r, m	- e. B. ändern		57 r, u
bauen	2 r, o	7 r, u	- (durch Botschaft)		210 r, o
	73 r, o	73 r, o	- erlassen		43 l, m
	73 r, m	79 l, o	- etc.		163 l, u
	85 l, u	101 l, m	befestigen	179 r, m
- e. Schiff b.		74 r, u	befragen	204 l, m
Bauer	93 l, m		Befruchtung	101 l, m
baufällig	180 r, m		begatten	113 l, u	113 l, u
- werden		87 r, o	begattet	113 l, u
Baum	28 l, o	65 l, m	Begehr	36 r, u
	65 l, m	137 l, m	begehren	210 l, m
	157 r, u	162 r, u	Begräbnis	18 r, o	179 r, m
	170 r, o			179 r, u
- hochwachsend		190 l, u	begreifen	119 r, o
Baumeister	202 l, m	203 r, m	begrenzen	179 r, o
Baum fällen	66 l, o	206 r, m	behacken (?)	11 l, u
Baumgarten	65 r, m		behackt, er (?)		93 l, m
Bauwerk	73 r, u	73 r, u			

B

Behälter	31 l, m	59 r, u	
	59 r, u	93 r, m	
	128 r, m	186 r, m	
	186 r, m	208 l, u	
	208 r, o		
- beweglicher		32 l, m	
- grosser		42 l, u	
- (Wasser)		146 l, m	
Behexung	105 r, u	118 l, m	
bei	3 r, m	67 l, u	
beide	159 l, m	167 r, o	
	203 l, u		
Beil	24 r, o	24 r, o	
Bein	63 r, u	78 l, m	
	111 l, o		
- mit verkürztem B.		22 r, o	
Beischlaf	2 r, m	78 r, u	
	89 l, o	108 l, o	
beischlafen	79 l, u	108 l, o	
	168 l, m		
- (?)	3 r, m		
Beischläfer, ruhend vom		3 l, m	
beissen	145 l, u	177 l, u	
Bejubelte, der		133 r, u	
bekleiden (+sich)		48 l, o	
bekleidet sein		60 l, o	
bekleidet sein, etc.		163 r, o	
Bekleidung		48 l, o	
bekommen	205 r, u	207 l, o	
beobachten		131 r, u	
beordern	4 r, u	8 l, u	
beraten	9 l, u	9 l, u	
- vom Rat		56 r, u	
Berater	9 l, u		
Beratung	9 r, m		
berauscht	142 r, u		
Berechnung	114 r, u		
bereiten, sorgfältig		79 l, u	
Berg	37 l, u	45 l, u	
	87 l, u	87 l, u	
	101 l, u	123 r, o	
	138 r, m	139 l, o	
	146 r, u	193 r, o	
bergen (+ sich)		117 l, m	
Bergwand	146 r, u		
Beruf (?)	13 l, u		
Beruf, e.	90 l, u	128 l, m	
- (b.der Bierbereitung ? der Grütze ?)		86 l, u	
- (der Küche, frische Kräuter Versorger)		99 r, o	
Berufsname	36 r, u		
beruhigen	57 r, u	58 l, m	
	77 l, o	118 r, u	
beruhigen (+ sich)		1 l, m	
	2 r, o	40 l, o	
	42 r, u	42 r, u	
	58 l, o	88 r, o	
	88 r, m	176 r, u	
	181 l, u	181 r, u	
	195 r, m	195 r, m	
	195 r, u	206 l, m	
Beruhigung	2 r, o	77 l, o	
berühren	189 l, u		
beschädigen	39 l, m		
beschädigt	178 l, o		
beschatten	168 l, m		
beschmutzen	185 l, u		
- (d. Schuh)		95 l, o	
beschneiden	192 r, u		
beschnitten (v.Bäumen)		12 l, m	
beschützen	168 l, m	190 r, u	
beschweren	91 l, m		
beschwerlich	59 l, m		
Beschwörer	137 l, o	139 l, o	
	139 l, u	160 l, m	
Beschwörung	93 l, m	139 l, o	
	163 r, o	206 r, o	
	206 r, m		
Besinnung (d. - rauben)		83 r, o	
Besitz	8 l, m	8 l, u	
	99 l, m	112 r, m	
	160 l, u	165 r, u	
besitzen	8 l, o		
Besitzer	40 l, u		
Besonnenheit		25 r, u	
besprengen	177 l, o	178 l, o	
	205 r, u		
- mit Gift		106 l, o	
bespringen	51 l, u		
beständig	169 l, m	175 l, m	
	176 l, u		
besteigen	10 l, u	132 r, o	
Bestellung d.Bodens		180 r, o	
bestimmen	205 l, u		
Bestimmung	57 l, m		
bestreichen	26 r, m	47 r, m	
	77 l, o	176 r, u	
- mit Mehlteig		23 l, u	
beten	49 l, m	52 l, u	
	101 l, u	118 r, u	
	118 r, u	139 r, m	
	163 l, u	182 l, o	
	182 l, o	182 l, o	
- , eifrig		119 l, o	
- , etc.	161 l, m		
Beter	182 l, o		

B

betreten	51 l, o	51 l, o	Bienenkorb	31 l, m	
	200 l, o		Bienenkorb (?)		202 l, u
Betretung	51 l, o		Bier	140 l, m	141 r, u
betrüben	119 r, u			142 r, u	
Betrübnis	86 r, u		- e. Art	84 l, m	89 l, m
betrübt werden		86 r, u	- e. Bierart (aus		
	86 r, u	174 l, u	Emmer)	84 l, m	107 l, u
Bett	66 l, o	165 r, m	Bierfass	123 r, m	
Bettfuss (klauenförmig)		77 r, m	Bier-Kanne	95 l, m	
Bettlehne	119 r, o		Biersaz	135 l, u	
Bettpolster	97 l, o		Bierschaum	106 l, m	
Bettseite	5 r, m		Bild	66 r, u	123 l, u
beugen (+ sich)		26 r, o	Bilder, etc.		160 r, u
	41 l, o	41 l, m	Bildhauer	12 r, u	
	41 l, m	42 r, u	Bildsäule	12 l, u	12 r, u
	42 r, u	47 l, m	Binde	27 l, u	
47 l, u	54 l, m	55 r, m	binden	4 l, u	5 r, o
	55 r, m	79 l, o		5 r, o	5 r, u
	86 l, m	100 r, u		7 l, o	20 r, o
	113 l, u	124 l, o		26 l, o	26 r, o
	191 l, m	205 l, u		45 l, o	47 l, m
- bei d. Arbeit		41 l, o		74 l, m	74 l, m
beugen, d. Knie		78 r, m		83 l, u	110 r, u
beugen (+ sich) v. Men-				113 l, u	119 l, u
schen		47 r, o		129 l, u	137 r, u
Beute	34 r, m	208 l, u		138 l, o	140 l, o
bewachen	58 l, o	92 r, o		140 r, o	142 l, m
	147 r, m	180 r, u		142 l, u	143 l, u
Bewachung	147 l, u	147 l, u		143 r, o	143 r, o
bewahren	11 l, u	11 l, u		147 l, m	153 l, m
	205 l, m			153 l, u	197 r, m
bewässern	72 l, m	72 l, m		197 r, m	203 r, m
- ,d.Feld	1 r, u	112 l, m		204 l, o	205 l, o
- ,(reichlich)		53 l, o		205 r, m	205 r, u
Bewässerung	2 l, m	72 l, m	- , zusammen-		5 l, m
	86 l, o		Bindfaden	46 l, u	
- (?)	161 r, o		Binse	21 l, o	99 r, u
Bewässerungsanlage		1 l, u	- (?)	124 r, o	
Bewässerungsgerät		179 l, u	bis	92 r, m	92 r, m
Bewässerungsvorrichtung		16 r, u	Bissen	26 l, o	157 r, m
bewegen, hin- und her		34 l, m	bissig	110 l, m	
	34 l, m		bitten	118 r, u	119 l, o
- (+ sich)		69 l, o		182 l, o	
	69 l, o		Blasebalg	32 l, o	
beweglich	31 l, m		blasen	30 l, m	
bewirtschaften		95 r, m	Blasrohr	32 l, o	
bewirtschaftet (?)		134 r, o	blass werden		181 r, o
bewundern	101 r, o		Blatt (v.Instrumenten)		91 l, u
Bewunderung	101 r, m		Blattwerk d. Pflanze		183 l, u
Bezirk (?)	169 l, m	171 r, m	blau	71 l, u	71 l, m
Bibliothek	48 r, o		Blaustein	116 r, u	116 r, u
biegen	41 l, m	85 r, u	Blei	168 r, m	171 l, o
	147 l, m	147 l, m	bleichen	17 r, u	
	153 r, m		Bleicher	21 l, m	45 r, u

B

Bleicher, etc.	164 r, m	breit	67 l, u	69 l, u
blenden (?)	17 l, u	- sein	69 l, u	
Blick	26 r, u	26 r, u	Breite	69 l, u	124 l, u
	30 r, o	75 l, m		167 r, o	
	129 l, u		Bremse (?) (Insekt)		93 l, o
blicken	101 r, o		brennen	27 r, u	36 l, m
Blinder	131 l, u			36 l, m	200 l, o
blind sein	36 r, u			201 l, o	
Blitz	63 l, u		- vom Auge		74 r, m
blitzen	63 l, u	107 l, o	- v. Feuer		27 r, u
	203 r, u			50 r, u	140 l, o
Blut	46 l, u	55 r, u	Brennholz	59 l, o	96 l, m
	75 l, u	100 r, o	Bresche	35 l, o	
	113 r, o	113 r, o	Breschenmaschine		139 r, u
	147 r, m	164 l, m	bringen	68 r, o	73 l, m
	164 l, u	207 r, o		82 r, m	84 l, u
Blutbad	114 l, u	208 l, u		133 r, m	137 r, m
Blut, schwarzes		164 l, u		198 r, o	208 l, m
Blut, schwarzrotes		9 r, u	Brocken	26 l, o	157 r, m
Blüten	14 l, m			184 l, u	
Boden	38 r, u		Bronze	115 r, o	
- Bestellung d.B.		180 r, o	Brot	172 r, m	199 r, m
Bodensatz	92 r, u	135 l, m		200 l, m	
Bogen	45 l, o	45 r, o	- backen		38 r, o
	66 l, o	134 r, m		147 l, u	147 l, u
	163 l, m	184 r, m	- , gewürztes		26 l, u
	184 r, u		Brotkorb	31 l, m	31 l, u
Bohnen	47 r, m			32 l, u	
Bohrloch	35 l, o		Brot-Löhnung		22 l, o
Bordell (?)		90 r, m	Brot von 1 ban		22 l, m
bös	110 l, m		Brot von Malz		26 l, u
böse	77 l, u	96 l, o	Bruchzahlen, z. Bezeichnung		
	121 r, u	122 r, o	von		131 r, o
	125 l, m	125 l, m	Brücke	10 l, m	
	125 l, u	125 l, m	Bruder	20 l, o	159 l, m
	171 r, m	183 l, m		184 l, o	184 r, u
Bösewicht	48 l, m	117 l, u		198 l, o	203 l, u
	123 r, m		- , jüngerer		76 r, m
Botschaft	149 r, m		brüllen	49 l, o	72 r, o
Brachland, unbekanntes	141 r, u			72 r, m	112 l, o
Brand	50 r, u	58 r, u		132 r, u	
	99 r, m	113 r, m	Brunnen	31 l, u	102 l, u
	162 l, o	165 r, u		128 l, u	185 r, u
- in B. gesetzt		83 r, u		203 r, o	207 r, u
Brandscheit	59 l, o		Brunnenschacht		80 r, u
Brandziegel	110 r, m		Brunnquelle		122 r, u
braun	11 r, u	177 l, m	Brust	38 l, m	38 l, m
	180 r, u			38 r, o	
- sein	174 l, u		Brustbein	38 r, m	
Braut	58 l, u	88 l, m	Brust, weibliche		11 l, m
	89 r, m		Brust, d. B. schlagen		58 l, u
brechen	34 r, o	58 l, m	Buchsbaum		197 l, m
Brechstange	139 r, u		Buckel	47 l, o	

B

Bündel	(Rohr-)	174 l, o	Bürgerin	109 l, o	
bunt		36 r, m	Busen	157 r, m	
	71 l, m	71 l, m	Bussgewand	28 r, m	29 r, o
	71 l, u			185 l, m	
bur (Feldmass)		34 l, u	Butter	45 l, m	

C

Cypresse (?) 67 r, m

D

dadurch	89 r, u	
dahinjagen	116 l, m	116 r, m
dahinziehen	60 r, o	
Damm	142 l, o	
Dammbruch	1 l, m	125 r, m
dämmen	113 l, u	
Dämon	19 r, m	40 l, m
	40 r, u	104 r, u
	114 r, o	189 r, u
- , böser		165 r, o
Dämonen, vertreiben die Fest störenden (?)		16 r, m
danach	89 r, u	
Darbringung (?)		152 l, m
Darlehen, zinsfreies	72 r, m	
	97 l, o	111 l, m
Darlehen, zinsloses		133 r, o
Darm	192 l, m	
darüberhinausgehen		86 r, m
Dattel	101 l, o	118 l, m
	177 l, u	178 r, m
Dattelkern	9 l, u	
Dattelpalme	67 l, o	
- , Fruchtrispen d.		14 l, m
Dattelpalmenart		12 l, o
Dauer	72 l, o	
- (?)	56 r, m	
dauernd	112 l, m	
davonlaufen, schnell		83 l, m
Decke	209 l, o	
- (?)	128 r, o	
Deichsel	60 r, u	
- , Teil d. D.		208 l, o
demütig	75 l, u	
denken	35 r, u	198 r, u
der und der	169 r, o	
deuten	32 r, u	33 r, o
Dichtigkeit	96 r, u	
dick	54 r, o	55 l, m
	163 r, o	176 r, o
- machen		147 l, m
- werden		147 l, m
Dicke	140 l, u	
Dickicht	86 l, m	86 l, m
Dieb	118 l, m	157 l, o
Diener	89 r, o	151 r, u
	177 r, o	
Dienerin	95 r, u	
diese	35 r, u	
dieser	30 l, o	35 r, u
	60 l, o	124 l, u
	130 r, o	169 l, u
	169 r, o	199 l, o
Ding	93 r, m	

Diorit (Dolorit)		94 r, m
dividieren	38 l, m	
dividieren (?)		39 l, m
Dolch	63 l, m	63 l, u
	64 r, u	162 r, o
Dolchgriff (?)		41 l, u
Donner	113 l, o	
donnern	113 l, o	
Doppelstunde		71 l, o
Doppeltür	131 l, o	
Dorf	27 l, u	
Dorn	129 l, u	151 l, m
	151 r, m	
Dorngestrüpp		21 r, m
Dorn(gestrüpp)		9 r, m
Dornengestrüpp (?)		46 l, m
Drache	113 r, u	114 l, m
drängen	60 r, m	85 r, u
	183 l, u	
- vom Wort		79 l, u
drehen	24 r, u	53 r, u
Drehung	71 l, u	
drei	23 l, o	96 r, m
	97 l, u	98 l, m
	185 r, o	
dreissig	23 l, o	96 r, m
dreschen	65 r, m	191 r, o
Dreschschlitten		189 l, u
- (?)	12 l, u	
Dromedar	13 l, u	16 l, u
drücken	30 r, m	30 r, m
	35 l, u	70 l, u
	77 l, u	77 l, m
	85 r, o	152 r, o
drückend	91 l, u	
du	3 r, u	29 r, u
	62 r, u	
Dual- und Pluralzeichen		19 r, u
ducken, (+ sich)v.Hund		110 l, m
Duft riechen		137 r, u
duften	95 r, m	137 r, u
dunkel	11 r, u	59 r, o
	87 l, o	115 l, m
	145 r, u	
dunkel sein	141 r, m	145 r, u
dunkel werden	24 l, o	153 r, o
dunkeln, anfangen zu		176 r, o
dunkelrote Wolle		71 r, u
Dunst	1 l, o	
durchbohren	64 l, m	138 r, m
durchbrechen	24 r, o	107 r, m
	144 r, m	147 r, o
- v. Wasser		144 l, o
durchdringen		126 l, m

D

durchgraben	52 l, m	durchstechen	107 r, m
durchlochen	35 l, o	dürr	181 l, m
durchschneiden	144 r, m	Durst	65 r, o 136 l, u

E

Ebene	90 l, m	90 l, m
	116 l, o	
edel	82 r, o	
Edelmetallarbeiter		85 r, o
	144 l, o	
Edelstein	50 r, o	88 l, o
	115 l, o	199 l, u
Edelsteinarbeiter		115 l, m
Edelstein, durchbohrter	173 r, o	
–, einlegen mit E.	115 l, u	
Egge	42 l, o	
– (?)	17 l, m	
eggen, d. Feld		112 l, m
Ehefrau	70 r, o	174 r, o
Ehestand	70 r, o	
ehrfurchtgebietend		19 l, u
Eid	96 l, m	
–, etc.		169 l, o
Eidechse	91 r, u	
Eidechsenart (?)		105 r, m
Eigentum	99 l, m	
Eilbote	53 l, u	63 r, u
eilen	20 l, m	32 l, o
	33 l, u	120 r, u
	133 l, m	159 l, u
	164 l, m	180 r, m
– (?)	63 r, u	
eilends	207 r, m	
Eimer (?)	129 r, m	
Einäscherung (?)		148 l, u
einbohren	35 l, o	
einbrauen, dick (?)		28 r, o
Einbrecher	34 r, u	
einbringen	208 r, u	
Einbruch	35 l, o	
eindämmen, d. Wasser		113 r, m
eindringen	48 l, u	
Eindruck e. Siegels	71 l, u	
eindrücken	70 l, u	74 r, m
einer	84 r, o	
Einfall v. Heuschrecken	33 r, u	
	33 r, u	
einfassen	38 l, o	43 l, o
Einfassung	43 l, o	57 l, m
	85 r, m	
– (?)	104 l, o	
Einfassungsmauer		135 r, o
Eingang	112 l, m	
Eingebrachtes		165 r, u
eingehen	60 r, o	
Eingeweide	59 l, u	111 l, m
	116 r, o	193 l, o
– herausnehmen		43 l, m
– od. Teil derselben ?	22 r, u	
Eingravierung		135 r, m
Einkommen	160 r, m	
einkrallen (+ sich)		157 r, m
Einlage	107 r, u	
einlegen, mit Edelstein	115 l, u	
einmauern	70 l, u	
einreiben	180 l, m	
einreissen	69 l, o	
– eine Wand		47 r, m
	59 r, m	61 r, o
einritzen	123 l, m	
–, etc.	166 l, m	
eins	19 r, m	66 l, m
	73 l, m	84 r, o
	87 r, m	98 r, o
einschliessen		159 l, u
Einschliessung		142 l, u
einschneiden		145 l, o
	205 l, m	
Einschnitt machen		77 r, u
einspannen	119 r, u	
Einspruch erheben		48 r, u
	79 l, u	
einstimmig	87 r, u	
Einsturz	79 r, m	
einstürzen	87 r, o	87 r, o
eintauchen	146 l, u	
eintreiben, Abgaben		144 l, m
eintreten	208 r, u	
–, etc.	206 l, u	
einzeln	20 l, o	
–; (Dual- und Pluralzeichen)		19 r, u
einzig	114 l, o	
– (Knabe im zarten Alter ?)		56 l, o
Eis	196 l, u	
Eisen	14 r, o	
Eiter (?)	154 r, u	
Elam	15 r, o	
Elefant	13 l, u	
Elend	153 r, o	
Elender	156 r, u	
Ellbogen	5 r, m	
Elle	3 r, m	5 r, m
	148 l, m	
Emblem	123 l, u	
Emmer (?)	120 r, m	
Emmerart, e.	153 l, o	
empfangen	30 l, u	
Empörung	148 r, m	191 r, u
Emporwachsen, üppiges, d. Getreides		15 r, o
Ende	209 r, m	
– zu E. bringen		14 l, u

E

- zu E. sein	209 r, m	er allein	3 r, u
eng	108 l, u	Erbarmen	19 l, m	113 r, m
Ente	36 l, o	41 r, o	erbarmen (+ sich)	126 l, o
entfernen	23 r, m	26 r, m	erbeben	37 r, m	37 r, m
	34 l, m	43 l, m		207 r, u
	60 r, o	60 r, o	erblicken	133 r, o
	70 l, o	70 l, o	erbrechen	111 l, m
	120 l, m	132 r, u	Erbsohn	130 r, u
	145 l, m	159 l, u	Erde	46 r, m	100 r, u
178 l, m	178 l, m	183 l, u		134 r, o	148 r, o
	183 r, o	190 r, o		148 r, o	175 r, m
- (+ sich)		23 r, m	- , d. E. aufgraben	36 r, u
	70 l, o	70 l, o	Erdaufschüttung	86 l, u
	119 l, u	119 r, m	- , etc. 206 l, m	210 l, o
	183 r, o	190 r, o	Erde , d.E.aufwühlen	80 r, m
	205 r, u		- (wie ein Schwein)	80 r, m
- (aus: niederlegen)	42 r, m	Erdgeschoss	73 r, u
- (die Unreinheit ?)	16 r, m	Erdpech	94 r, u
entfliegen	70 l, o		Erdspalte	71 r, o	87 r, o
entfliehen	69 l, o	121 l, u		150 l, m
	122 r, o	199 l, m	Erdwall	87 l, u
entgegenkommen		7 r, u	Erech	109 l, m
entgegentreten		7 r, u	erfahren	56 r, u
entlassen, e. Frau		70 r, o	erglänzen	30 r, o	88 l, u
entlaufen	72 r, m			142 l, u
entreissen	56 r, m	57 r, u	- lassen	70 l, u	205 r, u
	142 l, o	142 l, o	ergreifen	28 l, u	57 l, o
	142 l, u			68 l, o	68 r, m
Entscheid, endgült.richterl.		82 l, u		68 r, m	72 l, u
entscheiden	26 l, u			76 r, u	82 r, u
	75 r, m	75 r, m		83 l, o	83 l, m
	79 l, o	79 l, m		116 r, m	119 r, o
	82 l, m	82 l, m		180 r, u	198 r, m
	82 r, u	122 l, u		201 r, u	203 r, u
	205 l, u		Ergreifung	198 r, m
entscheidend		205 l, m	ergriffen	28 r, o
Entscheider		27 l, u	Erguss	132 r, m
Entscheidung		9 r, o	erhaben	41 l, o	82 r, o
	9 r, m	14 l, u		82 r, o	129 l, m
	20 l, o	27 l, o	- , hoch e.		130 l, m
	44 l, o	96 r, u	- sein	17 l, u
	116 l, o	122 l, u	- sein, etc.		129 l, m
	139 l, u		Erhabenheit	19 l, o	19 l, u
- treffen		71 l, u		116 r, o	129 l, m
Entscheidungsstätte		90 r, m		130 r, o
entweichen	69 l, o		erhalten	8 l, o	57 r, u
entwöhnen	199 l, m		erheben	15 r, u	38 l, o
entwöhntes (?) Kind		13 r, u		74 r, m	113 l, m
entwurzeln	110 r, m			119 r, m
entziehen (+ sich)		69 l, m	- (d. Auge)		126 r, o
Entzündung	113 r, m		- (+ sich)		119 l, u
er	30 l, o	60 l, o	-	120 l, m	120 l, m
	100 l, u	130 r, o	Erhebung	133 r, u
	169 r, o		erhellen	211 l, o

E

erhitzen	133 l, m		erzeugen	1 l, m		2 r, o
erhöht sein	27 r, u			6 r, u		66 l, u
erkannt werden		133 r, o		73 r, o		78 r, o
erkennen	118 l, m	118 l, m		78 r, u		103 r, u
	133 r, o	184 l, u		110 r, o		161 r, o
- (geschlechtlich)		7 r, o		181 r, o		206 l, u
Erlass	4 l, m			206 l, u		207 l, m
Erlösung	32 r, u		- v. Beischlaf			2 r, m
Ermüdung	5 r, o		Erzeuger	103 r, m		
ernähren	98 r, u	99 l, o	Erzeugerin	103 r, m		
erneuern	56 r, m	58 r, m	Erzeugnis	98 l, u		134 r, o
erniedrigen	35 l, m		Erzeugung	2 r, m		3 l, m
Ernte	181 l, m		erzittern	164 l, m		
Erntearbeit	55 l, o		Erziehung	199 r, m		
ernten	54 r, u	55 l, o	erzürnt	83 l, u		
	55 l, u	55 l, u	Esel	16 l, m		81 r, m
	110 r, u	110 r, u	- , alter			81 r, u
	144 l, m		- , einzelne			81 r, m
erregt sein	133 l,		- , Fahr-			16 l, u
erreichen	30 l, u		- , Gespanne			74 l, m
- lassen	11 r, u		- , junger, männl.			81 r, m
erretten	69 r, u	142 l, o	Eselbauer	16 l, u		
errichten	204 l, o		Eselgeschrei	16 l, m		
erschlagen	39 l, o	39 l, m	Eselin	92 l, o		
	39 l, m	41 l, u	Eselpflug	17 l, o		
	118 l, u	188 l, u	Eselsfüllen	64 r, o		81 r, m
erschöpfen	37 r, u		- (?)	62 l, m		64 r, o
Erschöpfung (?)		59 r, u	Eselviergespann			16 r, o
erschrecken	125 r, u		essen	8 l, o		99 l, m
ersehen ...	123 l, u			143 r, u		191 r, o
ersetzen	69 r, m			198 r, o		
erstrahlen lassen		17 r, u	essen, v.Menschen			80 r, u
	88 l, u	88 r, m	etwas	8 l, m		
	125 l, o		- , irgend e.			188 l, o
Ertrag	11 r, o	46 r, m	- , niedergelegtes			42 r, m
	53 l, u	99 l, m	Eunuch	110 l, m		
	160 r, m	160 r, m	Euphrat	29 r, m		35 r, o
Erträgnis	160 l, m			132 r, o		
erwachen	119 r, o		evertere	204 l, o		
Erz	191 l, m		ewig	112 l, m		
erzählen	49 l, m	49 l, u	Exkremente	155 r, m		166 l, u
	57 l, m		extra	27 l, o		

14

F

Fackel	57 r, o	57 r, o	Feinmehl herstellen	111 l, u
	133 l, o	175 l, u	feist 154 r, u	173 r, u
	183 r, o		Feld 8 r, m	8 r, u
Faden	163 r, u		41 r, u	41 r, u
- 2/4 facher		46 l, u	107 l, m	
fahren	79 l, o	101 l, m	- (?) 8 r, u	26 r, o
	159 l, u	198 r, o	- F.-Besitz	42 l, o
Fahresel	16 l, u		- bewässern 1 r, u	
Fährschiff	87 l, m		- freies F. 64 l, u	115 r, u
Falke (?)	200 l, u		- F. vor d. Stadttor	8 r, u
Falle	28 r, u	29 l, u	- gemessenes F.	42 l, o
	45 l, o		- F., Steppe, Wüste	27 l, m
fallen	199 l, m		- sumpfiges Stück F.	177 r, m
fällen	128 r, m	128 r, m	- wässeriges F.	8 r, m
	204 l, o	208 r, o	Feldbrunnen 34 r, m	
- v. Bäumen		56 l, m	Feldertrag 42 l, o	
- v. e. Baum		66 l, o	Feldgerät 61 l, m	
	206 r, m		- (?) 200 l, m	
Fallgrube	57 l, m	102 r, o	Feldheuschrecke	41 r, u
	126 r, m	181 r, u	Feldmark 90 l, m	
Fallstrick	98 l, o		Feldmass 33 r, o	34 l, m
Falltür (?)	131 l, o		97 r, m	97 l, u
Familie	26 r, m		97 r, m	133 r, m
fangen	83 l, u	204 l, o	Feldmessrohr 57 r, m	
- mit e. Netz		10 r, u	Feldpachtzins	42 l, o
- Vögel f.		83 l, u	Fell 165 r, u	
Fänger	102 r, o		Fellkleid 182 l, m	
Fangkorb	12 l, m		fern 23 r, m	23 r, m
Fangnetz	12 l, o		23 r, u	70 l, o
Fara	19 l, o		116 l, o	132 r, u
fassen	8 l, m	68 r, o	177 r, u	190 r, m
	82 r, u	110 r, u	Ferne 23 r, m	27 l, m
	133 r, u	189 l, u	fertig sein 42 r, m	
	190 r, m		Fessel 4 l, u	26 r, m
Faust	151 r, m		43 r, o	45 r, o
fegen	30 r, u		83 l, m	138 l, o
fehlen	5 r, o		188 r, o	
Feige	185 r, o		fest 120 r, o	140 r, u
Feind	3 l, m		169 l, m	
	26 r, m	19 l, u	- sein 37 l, u	40 l, o
	47 r, u	27 l, m	42 r, m	42 r, m
	59 l, u	55 l, m	49 r, m	56 r, m
	77 l, o	76 l, o	62 r, m	
	96 l, u	96 l, o	- sein, etc.	189 r, m
	125 l, m	110 l, o	- sein v. Richterspruch	
	125 l, u	125 l, u	147 r, o	
	192 l, o	125 l, u	- f. u. zuverlässig	120 r, o
- sein	141 r, o	204 l, m	Fest 90 r, o	133 l, o
- werden	24 r, m	146 r, u	133 l, u	139 l, m
Feindesland	52 l, m	148 r, m	- ein F. 6 r, o	
feindlich	24 r, u	26 l, u	- Feste 24 l, m	
	109 r, u		festbinden 84 r, u	84 r, u
Feindschaft	24 r, m	52 l, o	119 r, u	
Feindseligkeit		76 l, o	- mit d. Kette	153 r, o
Feinmehl	18 l, o	150 l, m		

15

F

festdrücken	70 l, u		Finger	77 r, m	77 r, u
Festfreude	16 r, m	16 r, u		98 l, u	180 l, u
festfügen	140 r, o	140 r, o		198 r, o	
	149 l, m		Fingernagel	77 r, m	
Festgabe	90 r, o		finster	71 r, u	
festgebundenes Schiff		84 r, u	- werden	169 l, o	198 l, u
fest gründen		199 l, m	Finsternis	9 r, m	27 l, u
festhalten	60 r, m	68 r, o		27 r, u	42 r, o
	68 r, m	113 l, u		42 r, o	90 r, o
	203 r, m			114 r, m	127 l, u
- v. Häscher		68 r, o		127 r, u	139 r, m
- e. Menschen		60 r, u		145 r, u	212 r, o
Festkalb	13 r, u		Fisch	103 r, u	121 l, m
festmachen	73 r, m	84 r, u		140 r, o	144 l, u
(Fest (?))-Mehl		16 r, m		144 r, o	205 l, o
festnehmen	82 r, u		fischen	82 r, u	203 r, u
- v. Gefangenen		83 l, o	Fischereiaufseher		98 l, o
Fest-Salbe	16 r, u		Fischernetz	24 l, u	158 r, m
(Fest-)Salbe		16 r, u	Fischgewimmel	9 l, o	
Festschaf	52 r, o		Fischgräte	90 l, o	
feststehen	62 l, u		Fischlaich	111 r, o	
feststehend	108 l, o		- (?)	112 l, o	
feststellen	62 l, u	62 r, m	Fisch-Löhnung	22 l, o	
festtreten	30 r, m	30 r, m	Fischreuse	71 r, m	72 l, o
Festung	23 r, u	123 r, o	Flachland	90 l, m	
	134 l, u		Flachs	39 l, o	77 l, u
fett	55 l, m	99 r, o		136 r, o	136 r, u
	147 r, u	148 l, m	- getrockneter, ge-		
	160 l, m		zupfter F.		77 l, u
Fettigkeit	83 r, m	83 r, m	- klopfen/brechen		136 l, m
Fettmilch	43 l, u	43 r, m	- vertrockneter F.		136 r, m
Feuer	65 l, u	72 r, u	flackern	133 l, m	203 l, u
	133 l, o	162 r, u	Flamme	36 l, m	70 l, o
- (?)	15 l, u			72 r, u	72 r, u
- anzünden		36 l, m		100 r, o	128 l, o
	133 l, m		flammen	133 l, m	203 l, u
- e. Art	15 l, o		fleckig sein	111 l, u	
- brennen v.F.		140 l, o	flehen	15 r, m	28 l, u
- e.F. lodert auf		123 l, o		49 l, m	195 l, o
- in d. F./in d. Glut d.			Flehen	18 l, u	95 l, u
Sonne gelegt		12 l, o		138 l, m	182 l, o
Feuerbrand	57 r, o	128 l, o		182 l, o	193 l, o
Feuerfrass, Verlust bei			Fleisch	105 l, u	176 r, u
Metallschmelze		133 l, m	- schwinden v. F. (eine		
Feuergott	14 r, o		Krankheit)		33 l, o
feuerrot	174 r, o		Fliege	171 r, u	
Feuerschlange		133 l, o	fliegen	70 l, o	190 r, u
Feuerstein (?)		15 l, m	- machen	70 l, o	
Fieber	84 l, u	116 l, u	Fliegenart, e.		209 l, u
- mit F. heimsuchen		84 l, u	Fliegennamen, Determi-		
Fieber-Hitze		70 l, m	nativ von		171 r, u
filtern	183 l, o		fliehen	72 l, u	72 r, m
finden	30 l, u			103 r, u	117 l, o
				117 l, m	142 l, o
				142 l, m	

F

- lassen	69 r, u		
fliessen	122 r, o		
- rasch	122 l, u	122 r, o	
fliessend	118 r, o	132 r, m	
Flimmern der Sterne		125 l, o	
Floh	105 r, m	105 r, u	
Floss	207 r, u		
- (?)	9 l, u	9 r, o	
	9 r, o		
Flosse	5 l, u	5 r, u	
Fluch	20 l, m	20 l, u	
	145 r, o		
flüchtig	142 l, m		
Flüchtling	47 r, u	72 r, m	
	103 r, u		
Flügel	4 r, u	183 r, u	
- (öffnen)		70 l, o	
Flur	3 r, u	4 l, o	
	8 r, u	107 l, m	
- grüne F.	8 r, u		
Fluss	130 l, o	132 l, u	
	168 r, o		
Flussufer, d. jenseitige	24 r, u		
Flut	1 r, m	1 r, m	
	4 l, o	57 l, u	
	89 l, u	89 l, u	
	92 l, u		
- (?)	2 l, m		
- geht, flutet		89 l, u	
Foetus	90 l, m		
Fohlen	81 r, m	81 r, m	
folgen	190 l, m		
Form	12 r, u		
fortwehen v.d. Spreu	31 l, o		
fortziehen	190 r, o		
fragen	204 l, m		
Frau	95 r, u	174 r, o	
- entlassen		70 r, o	
- nehmen		70 r, o	
- sich e.andere F. nehmen		24 r, m	
frei	71 l, o		
freigeben	88 l, u	88 r, o	
	133 r, u	144 l, o	
- (herausgehen lassen)	133 r, u		
freigehen lassen		29 l, u	
freilassen	29 l, u	29 l, u	
Freilassung	75 l, o		
frei werden	198 l, o		
fremd	26 l, u		
Fremde (?)	14 l, o		
fressen	143 r, u		
Freude	125 r, m		
- (?)	61 r, m		
freudig	106 r, u	125 r, m
	131 r, u	
- sein	107 l, u	
freuen (+ sich)		125 r, m
	169 l, o	
Freund	75 r, o	82 l, m
	207 r, m	
Friede	180 r, o	
frisch	58 r, m	82 l, o
fröhlich	78 r, o	
- sein	75 l, u	
Frohlocken	167 l, m	
Frost	122 r, m	176 r, u
	195 r, u	195 r, m
	211 l, o	
- etc.	181 r, u	
Frucht	35 l, u	46 l, m
	55 l, u	55 r, m
	55 r, u	55 r, u
	56 l, u	57 l, u
	58 r, u	65 l, o
	107 l, u	137 r, o
- (?)	64 r, u	
- tragen	126 l, o	155 l, u
- üppige F. tragen		125 r, u
Fruchtbaum	69 l, m	
Fruchtrispe d.Dattelpalme	14 l,m	
Fruchtstand	185 l, u	
Früchten (Zweig mit reifen F.)	28 l, m	
früher	106 r, m	156 r, o
- vor altern		70 l, o
Fuchs	154 r, m	
führen	208 l, m	
Führer	150 l, o	
Fülle	79 r, m	107 l, u
	115 l, m	124 l, m
	151 l, u	
füllen	38 l, o	38 l, o
	40 l, o	73 r, m
	159 l, m	180 l, u
- (+ sich)	30 l, u	
- (+ sich) etc.		180 l, u
Fundament	110 l, u	110 l, u
	113 r, o	148 r, m
	178 l, m	178 l, u
- des Himmels		14 r, u
fünf	129 l, m	129 l, m
	130 l, o	130 r, o
fünfzig-fach	150 l, m	
für	3 r, m	97 l, m
Furcht	169 r, o	170 r, m
furchtbar	125 r, u	
- sein	100 r, u	
Furchtbarkeit	64 r, m	126 r, m

fürchten	155 l, o		furzen (?)	208 l, m
- (+ sich)		27 l, o	Furzer	81 r, o
	155 l, o		Fuss	63 r, u 63 r, u
Fürsprache	102 r, u			151 l, o 165 l, u
- einlegen		102 r, u	Fussballen (?)	110 r, o
Fürst	27 l, u	44 r, m	Fussboden	119 r, u
	48 r, m	71 r, m	Fussfalle	85 l, m
	92 r, o	108 l, u	Fusstritt e. M.	110 r, o
	116 l, o	141 l, m	Füsse baden	64 l, m
	211 r, o		Futter	193 l, m
- (?)	173 l, u		Futterpflanze	99 l, u
Fürstin	89 r, o	89 r, u	Futter, für d. Pflugstiere	123 r, o
fürwahr	37 l, u		Futter, für Stiere	14 l, o
furzen	30 l, o	31 l, o	Futteral	128 r, m
	36 l, o	37 r, o		
	81 r, o			

G

Gabe	10 l, m		
Gabel (?)	11 l, u		
Galle	187 r, m	187 r, m	
Gang	18 l, m	82 r, m	
	174 r, m		
- etc.	202 l, m		
Gans	105 l, m	105 l, m	
	105 l, u	105 l, u	
Gänsestall	105 l, m		
ganz	73 r, u	73 r, m	
- sein	106 r, u		
Gartenpflanze	46 l, m	46 l, u	
Gärtner	99 l, m		
Gatte	67 r, m	70 r, o	
	70 r, o	174 l, o	
	204 r, u		
- (der Jugend)		70 r, o	
Gattin	70 r, m	174 l, o	
Gattung von Soldaten, e.	13 r, o		
Gaumen	4 l, m		
Gazelle	160 l, u	160 r, u	
Gazellenbock	160 r, u	182 l, m	
Gazellenjunges		13 r, u	
Gebäck, e.	61 l, m		
Gebälk e. Schiffes		210 l, o	
Gebälk/Rippen d.Schiffes	210 r,m		
gebändigt werden		11 r, u	
gebären	6 r, u	103 r, m	
	164 l, o	185 r, m	
	206 l, u	207 l, m	
gebärend	41 r, m	41 r, u	
Gebärerin	165 r, m		
geben	11 r, m	56 r, u	
	178 r, u	180 r, u	
Gebet	4 l, m	28 l, u	
	49 l, m	95 l, u	
	182 l, o	193 l, o	
	199 l, u	199 r, o	
- inbrünstiges G.		182 l, o	
gebeugt	46 r, o	46 r, u	
	75 l, u	124 r, u	
	124 r, o		
Gebiet abgrenzen		76 l, u	
Gebirge	123 r, o		
gebogen	11 l, o		
geborsten (?)		11 r, u	
Gebrüll	118 r, o		
Gedanke	43 l, m		
Gefährte	69 r, u	203 r, u	
Gefälle	193 l, m		
gefällt	12 l, m		
Gefangener	83 l, u		
Gefangener (?)		86 l, o	
Gefangenen festnehmen		83 l, o	
gefangen halten		52 r, m	
Gefäss	5 r, o	13 l, u	
	15 l, o	19 l, u	
	22 r, m	36 r, m	
	36 r, m	39 r, o	
	70 l, m	78 l, m	
	78 r, o	95 l, m	
	111 r, o	112 r, u	
	113 l, o	140 r, u	
	156 l, m	160 l, m	
	193 r, m	205 r, m	
- für "buluḡ"		190 l, o	
- (ein feststehendes)	151 r, o		
- kupfernes G.	4 l, m		
- (Stein-)		32 l, u	
Gefässe, kleine		25 r, m	
Gefesselter	86 l, o		
gefleckt	71 l, m	71 l, u	
- sein	28 r, o		
Gegengesang	131 l, o		
gegenseitig	20 l, o		
Gegenstand (?), e.töner-			
ner	94 r, u	117 l, o	
Gehege	143 r, u		
Geheimnis	21 l, o	31 l, u	
	31 l, o	31 r, o	
	64 r, m	111 r, o	
	186 l, o	198 r, u	
geheimnisvoll		19 l, u	
Geheimwissen		78 l, m	
gehemmt	5 r, m		
gehen	11 r, u	37 l, u	
	62 l, u	62 l, u	
	73 l, u	73 l, u	
	82 l, m	83 l, o	
	87 l, o	88 r, o	
	137 r, m	189 r, m	
	191 l, o		
- an jds. Seite		73 l, u	
- (d. Weg nehmen)		82 r, u	
Geheul	87 r, u	129 r, u	
Gehilfe des Schafhirten	68 l, o		
Gehör	67 l, m		
gehorchen	19 r, u	44 r, u	
	62 r, o	119 r, m	
	196 r, o		
gehörig (?)	74 l, m		
gehörnt	180 l, m		
gehorsam	180 l, m		
Gehülfe	50 l, m	50 l, m	
	50 l, u		
Geier (?)	170 l, m		
Geifer	106 l, o		
- , schmutziger (?)		1 r, o	
Geist (Erzeugnis d.Nacht)	85 r,m		
geknickt	11 r, m		

G

Gelände, sumpfiges	14 l, o		53 l, m	56 r, m

Gelände, sumpfiges 14 l, o
Geländer 85 r, m
gelb 181 r, o
gelblich werden 181 r, o
gelegt, in d.Feuer 12 l, o
gelegt, in d.Glut d.Sonne 12 l,o
Gelenkbruch 77 l, u
Gelenkkrankheit 30 r, o
    87 l, m   138 r, o
Gemach 13 r, o   88 l, m
- etc. 179 r, m
Gemahl 167 l, m
Gemahlin 167 l, m
Gemeinde (?) 109 l, o
Gemeinheit 139 r, m
gemeinsam 73 l, m
gemeinschaftlich 20 l, o
Gemetzel 96 l, o
Gemüt 28 l, u   105 l, u
genesen 117 l, u
Genosse 28 r, m   28 r, o
    70 r, m   82 l, m
    159 l, m   203 r, u
Genossin 70 r, m
genug 3 r, o
- sein 180 l, u
Gerät (?) 5 l, o
Gerät (hölzernes) 65 l, m
Gerät (?), netzartiges
  (Fangkorb) 12 l, m
Gerät des Töpfers 193 r, m
geraubt werden 34 r, u
Gerben, vom G. gebraucht 20 r, u
Gerber 135 l, o   20 r, u
gereinigt 29 r, m
Gericht 82 l, u   82 l, m
Gerichtsstätte d. Kriegs-
  gottes in Girsu 63 r, o
gering 81 l, o   125 l, u
- sein 185 l, u
geringer werden 153 l, m
  153 l, m
Gerste 195 r, o   196 l, o
- (?) 21 l, m
Gerstenart (?) 198 l, m
Gerste-Löhnung 22 l, o
- etc. 196 l, o
Gerstenmehl 120 r, m
Geruch, übler 59 l, u
- aus d. Munde 151 l, o
Gesamtheit 37 r, m   42 l, m
    46 r, o   46 r, m
    46 r, u   47 r, o
    47 r, m   48 r, o
    53 l, m   56 r, m
    57 l, u   81 l, m
    81 l, u   149 r, u
    157 r, m   193 l, u
    198 l, u   198 r, m
    203 r, m   208 l, u
- (?) 46 r, u
- etc. 194 r, u
Gesang 76 r, u
gesättigt 180 l, u
Geschenk 10 l, m   175 l, o
- (an die Frau) 73 r, o
Geschick 62 r, u   116 r, o
    120 l, o   169 l, o
    196 r, o   205 l, u
Geschicklichkeit 108 r, u
Geschirr für den Kopf u.
  Nacken d.Fahrochsen 7 l, o
Geschöpf 7 r, u   85 l, u
Geschrei 46 r, u   49 l, o
    91 l, u   100 r, m
    204 r, o   209 r, u
Geschwächtheit 83 r, m
geschwollen (v.Flussw.) 196 r, m
Geschwür 14 r, m   14 r, m
    50 r, m   50 r, m
    100 r, o   104 r, m
- (Eindruck ?) 77 r, u
- , e. rotes 50 r, m
gesenkt sein 52 l, u
gesetzmässig 120 r, o
Gesicht 129 l, u
- d. Nacht 26 r, u
Gesinde 16 l, u   58 l, m
    64 r, u
gespalten 205 l, o
Gespann 74 l, m   74 l, m
    82 r, o   112 l, u
    172 r, u
Gespei 1 r, u
Gespenst 61 l, m
- (Erzeugnis d.Nacht) 85 r, m
gesprenkelt 160 l, m
Gestalt 12 r, u   13 r, u
    62 r, m   65 r, o
    129 r, m   136 r, u
Gestank 121 l, u
Gestell 41 r, m
- (?) 205 l, u
gestohlen 157 l, o
Getier 4 l, m   103 l, m
    103 r, m
Getränk 2 l, m
Getreide 195 r, o

G

Getreideart	21 l, m	90 r, o	glänzend	17 r, m	69 l, m
	197 l, m			70 l, m	70 l, u
Getreidemagazin		54 r, m		103 l, o	106 r, m
Getreidemass	53 r, u			106 r, u	115 r, m
- , d. gewöhnliche		53 r, u		194 l, o	197 l, u
Getreide, ungedroschenes,				199 l, u	
in Garben (?)	136 r, o		- aufgehen		122 l, o
Getreide, üppiges Empor-			- (?)	64 r, u	
wachsen (d.G.)	15 r, o		gleichen	58 l, m	
Gewährung e.Kredits (?)	22 l, u		gleichkommen,(jem.)		73 l, u
Gewalt	45 r, o		gleich sein	174 l, m	181 l, o
- , mit G. binden	20 l, m		gleichsetzen,(sich jem.)		73 l, u
gewaltig	12 l, u	48 r, u	gleichwie	96 r, u	
	70 l, u	112 l, m	Glied	120 r, u	
	126 r, m		Glieder	62 r, m	191 l, m
- sein (v.Rauschtrank)	28 r, o		Gliedmassen	5 l, u	65 r, o
- ,sehr	14 r, o			85 r, o	110 r, o
gewaltige Hochflut		1 r, u		111 l, m	161 r, u
gewalttätig	141 l, m		Glück	75 r, o	180 r, o
Gewand	69 r, m	118 r, m	glühen	74 r, m	
	118 r, m		Glut (in die der Sonne		
Gewebe	27 r, o		gelegt)		12 l, o
gewichtig	79 r, o	79 r, m	Gnade (um G. bitten)		135 l, u
	108 l, u		gnädig	193 l, m	
Gewichtsverlust		25 l, m	- sein	121 l, o	192 l, u
Gewimmel	4 l, m	36 l, o	Gold	56 l, u	56 l, u
Gewinn	174 r, m		Gott	19 l, u	86 l, u
Gewitter-Sturm/Regen		134 r, u		168 l, u	
Gewölk	135 l, u	155 l, u	- (Gattungsbegriff, nicht		
- ,schweres		108 l, u	Name e.konkr. G.)	84 l, o	
geziemend	74 l, m	74 l, u	- (mein Gott!)		134 l, u
giebelförmiger Aufbau am			- (Titel e. dienenden		
Hause	63 l, m		Gottes)		14 r, m
giessen	3 l, m	66 l, u	Göttergemach	29 l, m	74 l, o
	155 l, u			74 r, o	
- (?)	132 r, m		- (?)	177 r, m	
Giesskanne	153 l, o		Götterkammer		132 r, m
Gift	59 l, m	105 r, u	Götterwaffe	22 r, m	157 r, u
	106 l, o		Götterwohnung	69 r, o	69 r, u
- , mit G.besprengen	106 l, o		Göttin (Gattungsbegriff,nicht		
Giftschlange	125 r, m		Name e.konkr. G.)	84 l, o	
Gips	135 r, u		- (der G. Fürsprache		
Glanz	111 l, u	135 r, u	einlegen)		102 r, u
	162 l, o		-	86 l, u	
glänzen	27 r, m	27 r, m	Grab	18 r, o	97 r, m
	41 r, o	72 r, u		109 l, u	109 l, u
	107 l, m	117 l, m		148 r, m	179 r, u
	117 r, o	119 l, u	graben	22 l, u	25 l, m
	122 l, o	124 r, u		80 r, m	80 r, m
	125 l, o	179 r, m		145 l, o	
	194 l, o	194 l, o	- (?)	11 r, o	11 r, u
	194 l, o		Graben	87 l, u	128 l, u
- , rötlich		72 l, u		207 r, u	

G

Gräber	22 l, u		Grösse	147 l, m	147 l, m
- (?)	11 r, o		grösser werden		57 l, o
grade	66 l, m	66 l, m	Grube	35 l, m	57 l, m
	162 r, u			102 r, o	181 r, u
- richten	19 r, u		zu Grunde gehen	121 l,u	122 r, o
- sein	180 r, o		Grundkapital	107 r, u	
Granatapfelbaum		71 r, o	Grundwasser	7 r, o	168 r, m
Gras	99 l, u	156 l, o	- etc.	177 r, m	
- , gemähtes		99 l, u	grün	194 r, u	
Gras-Träger	99 r, o		Grünes	194 r, u	
Gräte	90 l, o		Grün, frisches		156 l, o
Graupen (?)	31 r, o		gründen	97 l, u	111 r, u
greifen	60 r, m			143 r, m	
Greis	6 l, u	109 l, u	- e. Niederlassung		191 r, o
Greisin	107 r, m	107 r, u	- , fest		199 l, m
Grenze	31 r, m	31 r, m	Grünspan	115 r, m	197 l, u
	115 r, u	115 r, u	Grütze (?)	19 l, m	
	116 r, o	160 l, u	Grütze (Sesam)		38 l, u
	179 r, o		Guffa (runder Kahn)		158 l, o
Grenzgebiet	31 r, m		günstig	180 l, m	
Grenzmauer	70 l, m		Gur	54 l, o	
Grenzpfahl (?)		31 r, m	- , Getreidemass		53 r, u
Grille (?)	41 r, u		- , ehernes Gur-Mass		54 l, o
Grimm	152 l, o		- , gewöhnliches		53 r, u
grimmig	200 r, m		- , grosses		53 r, u
- (mutwillig)		26 l, o	- , königliches		53 r, u
Groll	83 r, o		Gurke	106 r, m	
gross	7 r, o	39 r, m	Gürtel	4 l, o	8 r, o
	46 l, m	53 l, m		63 r, o	162 l, u
	54 r, o	65 l, m	gut	75 l, u	78 r, o
	65 l, u	85 r, u		78 r, m	147 r, m
	87 l, u	147 l, m		192 l, u	
	189 r, u		- sein	75 l, u	75 r, o
- etc.	195 l, o			121 l, o	
- machen	8 l, m	71 l, m	- sein, etc.		193 l, m
Grossvater	3 l, m	6 l, m	Guthaben (?)		98 r, u
	58 r, u	185 l, o	gutherzig	78 r, m	
gross werden	85 r, u		gütig sein	121 l, o	

H

Haar	76 r, o	165 r, u	
	181 l, u	182 l, m	
- krankhaft verfilz-			
tes H. (?)		77 l, m	
- d.Haupthaar schüt-			
teln		77 l, m	
Haarfell	181 l, u		
Haarkrankheit		77 l, u	
Haarschopf	178 l, u		
haben	39 r, u	40 l, o	
	42 r, m	42 r, m	
	207 l, o		
-, sein	209 r, u		
Hacke	11 l, u	93 l, m	
	159 l, u		
- (?)	11 r, m	11 r, u	
- mit e. Blatt		11 l, u	
-, zinkige (?)		11 l, u	
hacken (?)	11 r, o		
Hackenblatt	91 r, m		
Hackenkopf	12 l, m		
Hackenöhr (?)		132 l, m	
Hacken-Zinke	11 l, u		
Hack-Klotz (?)		81 r, u	
Haecksel	136 r, o		
Haft	92 r, o		
haftbar jem. h. machen (?)			
	75 r, u	79 r, u	
Halbpacht	26 r, m		
Halbschekel	27 r, m		
Halbschekel-Stück		22 r, u	
Hälfte	21 r, u	22 r, u	
	26 r, m	160 l, u	
- einer Meile		27 r, m	
hälften	26 r, o		
Hahn	124 l, u		
Hals	46 l, u	46 r, o	
	46 r, m		
-, abgeschnittener		48 l, u	
-, erwürgter (?)		48 l, u	
-, gebrochener		48 l, u	
Halsband	10 r, o		
Halskette	48 l, m	115 l, u	
	170 l, u		
Halsschmuck	48 l, m		
Halssehne	48 r, o		
halten	15 r, u	67 l, u	
	67 r, u	75 r, u	
	82 r, u	110 r, u	
	203 r, u		
- in/mit d.Hand		75 l, o	
- mit d. Hand		75 l, o	
Hammer (?)	197 l, u		
Hand	4 r, o	4 r, o	
	4 r, u	4 r, u	
	65 l, u	98 l, u	
	108 l, o	151 r, m	
	151 r, m	182 r, m	
	209 l, m		
-, hohle		31 r, o	
-, offene		23 r, o	
-, (rechte) etc.		198 l, u	
Hände, beide	4 r, o	10 l, m	
Handelsagent		70 r, m	
	130 r, u		
Händler	79 r, m	130 r, u	
Handmühlenarbeiter		18 l, o	
Handwerker	44 l, m	104 l, m	
	107 r, m	108 r, m	
hängen	7 r, o	179 r, u	
	180 l, o		
Haruspex	160 r, m		
- (?)	60 r, u		
Hase	140 l, o		
Hass	48 r, m	59 l, u	
Haufen von K.		39 l, u	
Haufen, grosser		46 r, o	
-	56 l, u		
Haupt	46 r, u		
Hauptgur	53 r, u	(Getreidemass)	
Haupthaar	76 r, o		
- (?)	156 l, u		
Haupt-Richtung (Norden)	19 r, u		
d. Haupt schütteln		207 l, u	
Haupt-Sohn	94 r, o		
Haus	6 r, o	23 l, o	
	37 l, u	88 l, m	
	97 l, m	98 r, m	
- der gesiegelten Ur-			
kunden	76 r, m		
"Haus" (andere Werte kommen			
d. Abk.hierher)		37 l, u	
Hausdienerin		123 l, u	
Hausgerät	109 l, m		
Hausgesinde	64 l, o		
Haushund	110 l, m		
Hausierer (Lastträger)		79 r, m	
Haustier, weiblich, aus-			
gewachsen		11 l, u	
Haut	148 l, o	161 l, o	
Hautbinde	32 r, o		
Hautkrankheit		19 l, u	
Häuten, v. Stier- u. Esel-			
ausgesagt		12 l, o	
Hebel	74 r, u		

H

heben	40 l, m	74 r, m	
	119 r, m	133 r, m	
Heer	142 r, m		
heil sein	182 r, u		
heilig	204 r, m		
e. heilige Ort		5 r, o	
Heiligtum	29 l, m	109 r, m	
	116 l, m		
- (e.Opferschale) d.H.		26 l, m	
Heiltrank	2 l, u		
Heilung	211 l, m		
Heimat (d.Land Sumer)	141 l, u		
heiss	133 l, m	133 l, u	
- werden	36 l, m		
- , warm werden(v.Tage)		193 r, o	
Heisswasserkrug		78 r, o	
heiter	50 l, o	181 r, o	
- sein	101 r, o		
Heizer	64 r, o		
Held	51 l, m	51 r, m	
	108 l, u	162 r, u	
	163 r, m	173 l, u	
	199 l, u	200 l, u	
- , etc.	162 l, m		
helfen	69 r, m	69 r, m	
	69 r, m		
Helfer	5 r, u	69 r, m	
	87 l, m		
hell	1 l, m	23 l, u	
	27 r, m	50 l, o	
	50 l, o	50 r, o	
	69 l, m	101 r, o	
	104 r, o	104 r, m	
	115 r, m	116 r, m	
	117 l, u	117 r, o	
	117 r, o	121 l, o	
	132 l, u	160 l, m	
	197 l, u	199 l, u	
	204 r, u		
- sein	121 l, o	144 r, o	
- werden	117 l, m	175 r, u	
- werden (?)		27 r, u	
- /rein werden		144 l, o	
- (wasser-)		3 l, u	
- werden v. Antlitz		58 l, m	
	59 r, o		
Hellgrütze-Löhnung		22 l, o	
hemmen	56 r, o	59 r, o	
- d. Wasser		145 l, m	
Henkel	45 r, m		
herankommen	120 l, m		
heraufholen, etc.		174 l, u	
herausgehen	88 l, u	133 r, u	
- (aus d. Schatten in die Sonne)		88 l, u	
herausreissen (d.Herz)		33 l, o	
Herde	109 l, m		
- mit Hirt	7 l, o	7 l, o	
	105 l, o		
herfallen	73 l, o		
hergestellt, richtig		126 l, o	
- , sorgfältig		79 l, u	
Herr	7 l, o	40 l, u	
	45 l, u	65 l, m	
	92 l, m	92 l, u	
92 l, u	93 l, u	98 l, m	
	108 l, m	197 r, m	
- sein	92 l, u		
- der Länder		157 l, u	
- des Luftraumes/Sturmes		156 r, u	
- des Welt-Berges		94 l, u	
herrichten, feierlich		126 l, o	
Herrin	89 r, u	108 l, m	
Herrinkleid		184 r, m	
herrlich	48 r, u		
Herrlichkeit		126 r, m	
Herrscher	173 l, u		
Herrscher-Gewand		184 r, m	
hervorbrechen, v.e.Keim		48 l, o	
hervordringen		200 r, m	
hervorspriessen		84 l, u	
Herz, etc.	192 l, m	192 r, u	
	193 l, o		
d.Herz hinausreissen		33 l, o	
Herzweh	83 r, m		
Heu	99 r, o		
- (?)	108 r, m		
heulen	4 r, u	79 l, m	
	90 r, u	122 r, u	
	138 l, m		
Heuschrecke	36 r, u	115 l, m	
- , grosse		34 l, o	
Heuschreckenart		10 r, o	
	19 r, m	33 r, u	
	34 l, o	61 l, u	
	61 r, u	138 l, u	
	150 r, o		
- , kleiner H.		33 r, u	
Heuschrecken, das übriggebliebene b.		197 r, u	
Hierodule	164 l, o	169 r, m	
- , weibl.		105 r, o	
Hilfe	5 r, u	69 r, u	
- , militärische		69 r, u	

H

hilfreich	87 l, m	d. Hintern setzen	43 l, u
Himmel	14 l, m	15 l, u	hinunterschlucken (?)	60 l, o
	24 l, o	35 l, m	hinweggraffen	53 l, o
	45 r, o	61 r, m	hinwerfen 33 l, u	49 r, u
	64 r, m	73 l, m	- , platt	40 l, o
	75 r, m	90 l, m	hinzufügen 69 r, m	69 r, m
	93 r, o	93 r, m	203 l, u	
	102 r, u	107 l, o	Hirsch 71 r, m	122 r, o
	114 l, u	120 r, o	e.Art Hirsch (?)	155 l, u
	121 l, o	123 r, m	Hirschkuh 71 r, m	
	134 r, m	136 l, u	Hirt 7 l, o	7 l, o
	161 l, u	163 l, m	99 l, u	105 l, o
	163 r, m	183 r, m	105 l, o	105 l, o

- : ... den Himmel mit Pracht
    übergiessest du... 74 r,o
- : Fundament d.H. 14 r, u
    15 r, o

		105 l, o	109 l, m
		114 r, o	114 r, m
		114 r, o	166 l, o
		168 r, m	177 l, u
		181 l, m	183 l, u
		191 l, u	
Himmelsband	14 r, u	- : e.Abgabe d.H.	76 r, u
Himmelsdach	80 l, u	Hirtenknabe 142 l, o	
Himmelsdamm	63 r, m	Hitze 97 r, o	133 l, m
Himmelsgegend	14 r, u 102 l, o	hoch 23 r, o	23 r, u
	102 l, o 102 l, m	27 r, u	71 r, m
	134 r, m	82 r, o	92 r, m
Himmelsgewölk	209 r, u	93 r, o	98 l, m
Himmelsglanz (?)	15 l, m	98 l, u	168 l, o
Himmelsgrenze	15 l, o	171 r, u	173 l, u
Himmelshöhe	15 l, o 15 l, o	- an 14 l, m	
	15 l, u	- , etc. 14 l, m	
Himmelsmetall	14 r, o	- oben 92 l, m	93 r, m
Himmels-Raum	102 l, o	- sein 14 l, m	24 l, o
Himmelsrichtung	134 r, m	27 r, m	67 r, u
	136 l, m 206 r, u	98 l, u	101 l, m
Himmelsrichtungen	134 r, m	107 l, o	108 l, u
Himmels-Schwert	93 r, m	113 l, m	120 r, o
Himmelswonnung (?)	14 r, u	133 r, u	163 l, m
hin	97 l, m	171 r, u	
hin; zu, etc.	198 r, o	hoch sein von M.	87 l, o
hinabgehen	88 r, o	Hochflut 1 r, u	89 l, u
hinaufgehen	88 r, o	89 l, u	92 l, u
hinaufkommen	133 r, u	101 l, u	102 r, o
hinausgehen lassen	88 r, o	133 r, o	
hindern	58 l, o	- , gewaltige	1 r, u
Hindin	71 r, m	d. Hochgeehrte	133 r, o
hineingehen	88 r, o	hochschätzen	204 r, o
hingebreitet	28 r, u 29 l, u	hochwachsend (vom Baum)	190 l, u
hingesunken	106 l, u	Hochwasser 1 r, m	72 r, o
hingiessen (ganz auflösen		125 r, m	
d. Glieder)	33 r, o	hoch werden 107 l, m	133 r, u
hinkend	22 r, o	Höcker 47 l, o	
hinlegen, (sich)	110 r, o	Hode 78 l, m	
hinten	89 r, u	Hof 201 l, m	208 r, u
hinterer	26 r, o		
Hinterer	89 r, u		
Hinterkopf	48 l, u		

H

Höhe	116 l, o	154 r, u	Horn	4 r, u	180 l, m
	178 r, o		Hornvieh (=Kuh+Ochs)		6 r, u
- u. Tiefe		15 r, m	Huf	77 r, m	
hohle Hand	31 r, o		Hüfte	50 l, u	89 r, u
Höhle	34 r, m			130 r, m	130 r, m
Höhlenvogel	34 l, o		Hügel	74 l, o	
Hohlmass	5 l, o	22 l, o	Hühnerart	146 r, u	
	23 l, o	24 l, m	Huld	78 r, m	
	25 r, o	28 l, u	Huld, etc.	193 l, m	
	38 l, o	54 r, m	huldigen	176 r, u	199 l, u
	124 r, u	174 l, u	Huldigung	31 r, o	199 l, u
	182 r, o	187 r, u	Hülfe (veralt.f. Hilfe)		87 l, m
	188 l, o		Hülle	146 l, o	166 l, m
- e. assyr. H.		16 l, m	Hülsenfrucht	50 r, u	
- e. neubab. H.		48 l, m	Hund	101 l,u 109 r, u	109 r, u
Holz	28 l, o	65 l, m	Hundekäfig	10 r, o	
	65 l, m	99 l, m	Hundekette	107 r, m	
	137 l, u	162 r, u	Hündin, bissige		145 l, u
e. Holzart	94 r, o		Hunger	43 l, u	
Holz, altes		179 l, m	Hungersnot	50 r, m	52 r, m
- altes,verrottetes		177 r, u		99 r, m	99 r, m
- dürres (?)		59 l, o		167 l, o	193 l, m
- etc.		163 r, m	hüpfend	51 r, o	52 l, o
- verrotetes		179 l, m	Hürde	6 r, m	160 l, o
Holz spalten	31 r, u			208 r, u	
Holzwurm	66 l, m		hüten	39 r, u	40 l, o
Honig	145 r, u	153 r, m		111 r, u	205 l, m
Honigtopf	13 l, o		Hüter des 5. Höllentores		195 l, u
Honigwabe	38 l, u				
hören	119 r, m	201 l, u	Hymen (?)	70 l, m	182 l, u

I

ich	3 r, m	8 l, u	
	100 l, u	158 l, o	
	162 l, o	94 l,	
ich, du	62 r, u		
ihr	6 r, m		
in (suffix loc., bzw. temp.)		3 r, m	
in, von	203 l, m		
Innenraum	102 l, o	102 l, o	
Inneres	138 l, m		
- etc.	191 l, m		
Inschrift	135 r, o	163 l, u	
Insekt	33 r, u	34 l, m	
	93 l, o	94 l, o	
	120 l, m	123 r, u	
	150 r, o		
- (?)	123 r, m		
- e. (laut schreiendes) Insekt (Grillenart ?)	123 l, o		
insgesamt	73 r, u		
Inspektion	30 l, u		
irdene Ware	134 r, m		

J

Jagdhund		110 l, o	jauchzen	125 r, m	
Jagdnetz	175 l, o		d.jenseitige (Ufer)	20 l, o	
jagen	110 l, o	115 l, m	jenseits	48 l, o	148 r, o
	204 l, o	207 r, o	jetzt	4 l, o	5 l, m
Jäger	90 r, o	117 r, u		92 r, m	130 l, o
Jahr	42 l, o	92 r, m	Joch	65 l, u	65 r, m
	163 l, u			80 l, m	80 l, u
- des Gelingens(?)	165 r, u			199 r, u	200 l, o
- , das vorige	135 r, u		Jubel	16 r, m	16 r, u
- , das vorvorige	135 r, u			72 r, o	182 r, o
Jahresanfang	116 l, m	163 l, u	jung	208 r, m	
Jahreszeit, kalte	10 l, m		- sein	208 r, m	
	13 r, m	13 r, m	Junge (impubes)		56 l, o
	21 l, o	196 l, u	(Junge : der noch nicht erkannt hat)		
	211 l, o				56 l, o
jammern	3 r, m	4 r, u			
	38 r, u	88 r, u	Junges	159 r, m	170 l, u
	100 l, m	129 r, u	Jüngling	167 r, u	
	148 l, u		Jungstier	51 l, u	
Jauchzen	3 r, m	91 l, u	Jungtier	160 l, m	
	167 l, m				

K

kacken	35 l, u	122 l, u	Keller	40 r, m	43 r, u
Käfig	10 r, o	10 r, o		43 r, u	128 l, u
- , etc.	157 r, u			141 l, m	141 l, m
Kahn, runder (Guffa)		158 l, o		207 r, u	
Kai	142 l, o		Kelter	46 l, o	
Kalb	6 r, m	13 r, m	Kelterer	80 r, o	
Kalfaterer	9 r, m		keltern	200 r, m	
Kälte	1 l, m	2 l, u	kennen	118 l, m	
	92 r, u	94 r, o	Kesselpauke		157 l, o
	97 r, o	122 r, m	Kette	143 r, u	
	176 r, u	181 r, u	- ,(mit d.K.)fest-		
	195 r, m	195 r, m	binden		153 r, o
	195 r, u	196 l, m	Kettenhund	110 l, m	
	206 l, m		Keule	22 r, o	115 r, m
Kamel	16 l, u			211 l, u	
Kamm	37 l, u		- (?)	197 l, u	
kämmen, Wolle		37 l, u	- , eherne		122 l, m
Kammer	13 r, m	88 l, m		125 l, o	
Kampf	8 l, o	24 r, u	- , die erhabene K.		
	39 l, m	63 l, u	(der Götter)		197 l, u
	65 r, m	65 r, u	- , z.Klopfen der		
	75 r, u	76 l, o	Wäsche		85 l, o
	76 l, o	104 r, u	Kiefer	128 l, u	160 r, o
	111 r, m	153 r, o		207 r, u	
	161 l, u	161 r, o	Kind	2 r, u	9 l, o
	161 r, m	161 r, m		25 r, u	63 l, o
	197 l, u			75 r, u	80 r, m
Kanal	128 l, u	130 l, u		159 r, m	
	132 l, u	133 r, m	Kindermädchen		92 l, o
	207 r, u		Kinderwärterin		92 l, o
- graben	80 r, m			107 r, u	108 r, u
Kanne	95 l, m	115 l, u	Kinnbacke	185 r, u	207 r, u
Kapelle, reine		29 l, m	Klage	137 l, o	
Kardamom (?)		206 l, o	- , gerichtl.		137 l, o
Karneol (?), Reichtum an		31 r,m	- erheben	37 r, u	
Käse	37 l, u		Klagelied, e. Art		137 r, o
Kassia	13 l, m		Klagemann	9 r, o	129 r, u
Kastrat	110 l, m			129 r, u	138 l, m
kastrieren	27 l, m		klagen	177 l, m	
- (?)	37 l, o		Klagepriester		129 r, u
kastriert (?)		13 r, u	Klageruf	77 r, o	129 r, u
kauen	148 l, u	177 l, m	Klagesänger	77 r, o	
Kauf	208 r, o		Klageweib	100 l, m	
kaufen	37 r, u		Klageweiber	70 r, m	
Kaufmann	70 r, m		Klammer	85 l, m	
Kaufpreis	159 l, o	174 r, o	klar	1 l, m	3 l, u
	176 l, o	194 l, m	- werden	71 l, o	
	211 r, u		Klaue	77 r, o	
Kauz	100 l, o		Kleid	27 r, o	158 l, m
Kehrpunkt (?)(e. Plan.)	109 l, o			163 r, o	206 r, m
Keil (?)	22 l, m			207 l, m	
- des Beiles		22 l, u	- , aufgebrauchtes		125 r, m
Keim	137 l, u			163 r, u	
- , hervorbrechen v.e.K.	48 l,o		- , etc.	206 l, o	
keiner	19 r, m		- , rotglänzendes (?)	126 r, u	

K

Kleid, Woll-	127 l, m	Kochtopf aufs Feuer	
- , zerrissenes	36 r, m	setzen	100 r, u
	145 l, u	152 r, m	
kleiden, sich	83 r, u	Köcher 4 l, u	22 r, o
Kleiderarten	114 r, u	159 r, m	
Kleiderstoff 11 l, u		Kohlenbecken 44 r, o	53 r, m
Kleidung 118 r, m	130 l, u	84 l, o	172 l, m
165 r, m		Kohlenfeuer 133 l, u	
Kleidungsstück	71 r, m	kommen 83 l, m	88 r, o
99 l, u	111 r, o	König 13 l, o	29 l, u
- (Binde?)	27 l, u	57 r, u	92 l, u
- ,(glänzendes ?)	27 r, m	97 r, m	196 l, o
Kleie 38 r, o		203 l, m	
Kleie von Bohnenmehl	47 l, o	König(in) 108 l, m	
klein 25 r, o	25 r, m	Königkleid 184 r, m	
25 r, u	25 r, u	Kopf 4 l, m	14 l, u
45 l, u	56 l, o	46 r, o	78 l, u
57 l, o	63 l, o	- , durchlochter	198 r, u
63 l, o	63 l, o	- , zerschlagener	198 r, u
63 l, o	63 l, o	Kopfbedeckung	175 l, u
80 r, o	85 r, m	Kopfbinde 9 l, m	27 l, u
103 l, m	124 r, o	164 r, m	
124 r, o	124 r, o	Kopfkrankheit	59 l, u
154 r, u	208 r, m	Kopie 38 l, m	
208 r, m		Koralle, durchbohrte	115 l, o
- sein 172 l, m		Korb 57 l, u	
Kleinvieh 14 l, o	88 l, o	- (?) 22 r, o	184 r, o
90 r, o	104 r, u	Korbflechter 9 r, m	
109 r, m	160 r, m	Korbvogel (?)	33 r, u
181 l, o		Kornähre 15 r, m	16 l, o
Klotz 152 l, u		98 r, o	
klug 34 r, u	44 r, o	Körper 126 l, o	
45 r, m	58 r, m	Körperteil 12 l, u	81 r, m
205 l, m		105 l, u	
Klugheit 149 r, m		- (?) 91 l, m	
d.Knarren 46 l, m		- (paarweise vor-	
Knauf 192 l, o		handener K.)	119 r, u
Knecht 109 r, u 111 r,m	148 r, u	Kost 199 r, m	200 l, m
kneten 152 l, m		kostbar 30 r, u	141 l, m
Knie 75 l, u	75 r, o	- sein 140 r, u	
78 r, o	78 r, u	Kot 195 r, u	
113 l, m		krächzen 33 r, u	
- beugen 75 r, o	78 r, u	Kraft 4 r, u	46 r, o
78 r, u		46 r, m	63 r, u
Knochen 38 r, m	63 l, u	65 l, o	116 l, o
64 l, m	65 l, u	134 r, o	169 r, o
81 l, u		170 r, m	
knöcherner Teil der Rip-		(mit) Kraft begabt	5 l, m
pen	38 r, m	kraftbegabt 54 l, u	
Knollengemüse	179 l, o	kräftig (?)	80 r, o
Knoten 85 l, m	143 r, o	- , nicht	170 l, o
197 r, m		kraftlos 91 r, u	
Koch 93 l, u		Kraft-strotzend (?)	88 l, o
kochen 133 l, m		Kraft-zerschlagend	10 r, m

30

K

Kralle	77 r, m	77 r, m	
Krämer	194 l, u		
krank	59 l, o	59 l, m	
- sein	59 l, m		
Kranker	208 r, u		
Krankheit	10 r, m	15 l, m	
	15 r, m	33 l, o	
	45 l, o	56 r, u	
	59 l, m	89 l, o	
	100 l, u	125 l, u	
	125 r, u	159 r, m	
	176 l, m	208 r, u	
- (?)	112 r, u		
- d. Anus	81 r, o		
- d. Gelenk		30 r, o	
- ,grassieren v.d.K.	155 l, u		
- d. Haut		19 l, u	
- ,schwere		154 r, u	
Krankheitsdämon	10 r, m		
Krankheitserscheinung	159 l, u		
Kraut	98 r, u	99 l, o	
	99 r, o	194 l, m	
- (mit K. bestellt)		99 r, o	
Krebs (?)	12 l, m		
Kredit (Gewährung e.K.)	22 l, u		
Kreis	85 r, u	147 l, m	
- (?)	108 l, u		
Kresse	116 r, o		
Kreuz	28 l, o		
kriechen	179 r, m		
Krieg	153 r, o		
Kriegsgott: Gerichtsstätte d. K. in Girsu		63 r, o	
Krokodiö	148 l, u		
Krone	8 r, o	162 l, o	
	162 l, m	167 r, m	
Krug	25 r, o	25 r, o	
	70 l, m	78 l, u	
- , grosser		39 r, m	
Krumm-Säbel (?)		63 r, m	
Krummschwert	41 l, u	66 l, u	
	118 l, u		
krümmen	85 r, u	147 l, m	
Krümmung	34 r, u	85 r, u	
	147 l, m		
Küche	93 l, u		
- (?)	62 l, u	83 r, o	
Kufe (?)	22 r, o		
Kuffah	54 r, u		
Kuh	6 r, m		
- , alte	7 l, m		
- , fette	7 l, m		
- , geschlechtsreife		6 r, u	
- , grosse	6 r, u		
- , junge	7 l, m		
Kuh-Kalb	13 r, u		
(Milch-)Kuh	6 r, u		
(Kuh + Ochs =) Hornvieh		6 r, u	
Kuh mit saugendem Kalb		6 r, u	
(Stall-)Kuh	7 l, m		
Kuh, trächtige	7 l, o		
Kuhweg	51 r, o		
Kult	136 l, o		
Kultbrauch, etc.		160 l, o	
Kultgerät für Göttinnen		7 l, o	
Kultgerät	63 r, o		
Kultordnung, feste, vom Stadtgott gegründete		36 l, u	
Kultort	80 l, o		
Kultraum	63 l, m		
Kümmel, weisser und schwarzer		41 r, m	
kundtun	7 r, u		
kunstvoll	40 r, u	157 l, o	
Künstler	7 l, u	44 l, m	
Kupfer	112 r, o	112 r, o	
- , geläutertes		125 r, u	
Kupferkessel		197 l, u	
kurz	154 r, u		
küssen	139 l, u	176 r, u	

L

Lachen	130 l, o		
- (?)	137 r, o	137 r, m	
Laden, auf e. Schiff		158 l, o	
Ladung	56 l, u		
- (?)	46 r, o		
Lager	43 r, u	111 r, m	
	126 l, m	142 r, m	
	168 l, m	168 l, m	
lagern (sich)	126 r, m	168 l, m	
lähmen (?)	126 l, o		
Lamm	182 r, m		
Land	26 r, o	38 r, u	
	46 r, m	46 r, m	
	53 r, o	75 l, u	
	98 r, m	131 l, u	
	157 l, u	157 l, u	
	166 r, m	167 r, o	
	172 l, u		
- , bewässertes (?)	8 r, u		
- , unbekanntes	27 l, m		
- (Sumer)	56 r, u	141 l, u	
	141 r, u		
Landstreicher (?)	75 l, m		
Länder	189 r, u		
- , Herr der (L.)	157 l, u		
lang	60 r, m	107 l, m	
Längenmass	98 r, u	99 l, u	
	198 l, u		
- , Rohr	57 l, o		
Langschwert (?)	63 r, m		
lang sein	60 r, o		
Langseite d. Schiffes	9 r, o		
- e. Schiffes (?)	9 r, o		
Längsseite	25 r, u	113 l, m	
	113 l, m		
lang werden	60 r, o		
Lärm	21 r, o	49 l, o	
	100 r, m	115 l, u	
	204 r, o		
- (Kindergeschrei)	9 l, m		
Larsa (Heute: Senkereh)	19 l, o		
lässig sein	40 r, m	196 l, m	
lässig werden	40 r, m	69 l, m	
Last	46 r, o	46 r, m	
	53 l, u	99 l, m	
Lastträger (Hausierer)	79 r, m		
Lastwagen	77 r, m	78 l, o	
	159 r, o		
Lauf	92 r, u		
laufen	50 l, m	54 l, u	
	54 l, u	54 r, o	
	64 r, o	124 r, m	
	142 r, u	144 r, m	
	150 r, m		
laufen v. Menschen	65 l, o		
laufen, schnell	78 r, u		
	142 l, m		
Läufer	154 l, m		
Lauge (?)	86 r, o	172 l, m	
Laus	105 r, m	106 l, o	
	154 l, m		
läutern	37 r, m	203 r, m	
leben	209 r, m	210 l, m	
Leben	70 l, m	119 l, u	
	119 l, u	131 l, u	
	209 r, m		
- (beim Schwur)	163 l, m		
Lebenspflanze	99 l, u		
Leber	28 l, u	123 l, u	
- etc.	191 l, m		
- , Teil d. Leber	16 l, m		
Lebewesen	4 l, m	5 l, u	
	45 l, m	61 r, m	
	61 r, u	119 l, u	
	131 r, m	149 r, o	
Lederarbeiter	20 r, u	138 r, o	
	95 r, u		
	202 r, o		
Lederbeutel	154 r, o		
Lederriemen zerreissen	76 r, u		
Ledersack	79 r, o		
Lederschild	88 l, m	110 r, u	
legen	5 r, u	42 r, m	
	143 r, m		
- aus d. Hand	75 l, o		
Lehenbesitz	92 r, o		
Lehm	134 r, u	135 r, o	
	136 l, m	175 r, m	
- abkneifen	64 r, o		
- dickflüssig (?)	136 l, o		
- für Mörtel	136 l, o		
- für d. Verschluss e. Tonne	54 r, m		
- mit Häcksel vermischter L.	135 l, u		
- mit Spreu vermischter L.	135 l, o		
Lehmmauer	73 r, u		
Lehne des Bettes/Stuhles	88 l, o		
lehren	118 l, o		
Leib	28 l, o	62 r, m	
	65 r, o	176 r, u	
Leiche	9 r, u	28 l, m	
Leichenhügel	175 r, m		
leicht	125 l, u		
Leid	56 r, u	119 r, u	
- in L. bringen	87 l, m		

L

Leine	97 l, m		Lippe	170 l, o	208 r, o
Leiste (?)	205 l, u		Lobpreis	17 l, u	35 r, m
leiten	208 l, m			202 l, m	
- recht	107 l, o		- (?)	25 l, m	
Leiter	150 l, o		Lob spenden	17 l, u	
Leitseil	47 l, m		Loch	24 l, u	32 l, u
Lende	89 r, m			33 r, o	34 r, m
lernen	118 l, m			34 r, m	71 l, u
leuchten	17 l, u	30 r, o		80 r, o	80 r, u
	49 r, u	50 l, o		80 r, u	98 l, m
	107 l, o	117 r, m		102 l, u	102 l, u
	122 l, o	197 r, o		122 l, o	126 r, m
	203 r, u			128 r, o	182 r, m
leuchtend	50 r, o		lockern (die Verhüllung		
Leuchten d. Sterne	125 l, o		der Brüste)		208 l, o
Leute z. Laden von...	54 r, u		Lohn	4 r, o	
Libation ausgiessen	25 l, o		- (?)	22 l, u	
Libationshaus	89 l, m		(Löhnung)	22 l, o	
Libationsort	168 r, o		losbrechen	74 l, m	87 r, o
libieren	206 r, o		losgehen auf (?)		48 r, o
Libierung	206 r, o		losgehen gegen ...		154 r, o
- etc.	206 r, o		lösen	23 l, m	26 l, u
Libelle	132 l, u			26 r, o	32 r, u
licht	101 r, o			32 r, u	33 l, o
- sein	104 r, m	121 l, o		34 r, o	74 r, o
Licht	27 r, u	43 l, m		74 r, o	88 r, o
	67 r, o	103 l, m		133 r, u	158 l, m
	104 l, m	104 r, o		159 r, o	207 l, u
	117 l, u	143 r, m	Löser	171 l, u	
	170 r, o	178 l, o	Lösung	32 r, u	75 l, o
	183 l, u	187 l, o		77 l, u	142 l, m
	192 l, u		Löwe	51 l, o	64 l, m
- flackern v. L.		104 r, o		103 l, o	103 l, u
Licht (tag)	15 l, o			110 l, o	186 r, u
lieben	8 l, m	8 l, m		187 l, o	187 l, o
	8 r, m	148 r, m	- , junger		13 r, u
Liebeszauber (?)		34 l, o	- , (nach d.Urbild)		10 r, o
Lied	76 r, u		- , Sturm (-L.)		186 r, u
liefern	56 r, m		Löwenkäfig	10 r, o	48 l, u
Lieferungsschein		135 r, m		122 l, m	
Liegenschaft	66 l, o		Löwin	170 r, u	
Liegetag	101 l, o	104 l, u	Luftloch	86 r, o	
Lieschgras (?)		170 l, m	Luftraum(es), Herr des		156 r, u
Linke	5 l, m	50 l, m	lügen, etc.	155 l, m	
	50 l, m	50 l, u	Lumpen (?)	125 r, m	
	50 l, u	59 l, u	Lunge	111 l, m	
	140 l, u		Lust	107 l, u	117 l, u
Linnengewand	39 l, o			139 r, m	

M

machen	7 r, u	22 l, m	männlich	56 r, m	66 l, m
	42 r, m	42 r, m		84 r, o	113 l, m
	42 r, m	56 r, o		173 r, u	173 r, u
	73 r, o	73 r, m	männliches Urprinzip		
	79 l, o	85 l, u	der Welt		7 r, o
	85 l, u	148 r, u	Mantel	137 l, m	172 r, o
	161 r, m		Masche (?)	91 l, m	
Macht	4 r, m	5 l, m	Mass	22 l, m	26 l, m
	5 l, u	65 l, u		54 r, u	78 l, u
	92 r, o	98 r, m		160 l, u	211 r, m
	101 l, u	157 r, m	Masse	79 r, m	102 r, o
	199 r, m			149 l, u	
Machthaber	202 r, o		Massenhaftigkeit		149 l, u
mächtig	51 r, m	63 r, u	– (wie Staub ?)		175 r, m
	70 r, u	92 l, u	Massgefäss	54 r, u	
	94 r, m	99 l, m	Mast	86 l, o	
	103 l, o	103 l, m	Mastschaf	52 l, o	
	140 l, o	140 r, u	Mäster (?)	173 r, u	
	141 l, o	141 l, u	math. term. techn.		25 l, m
	151 l, o	158 r, o	e. math. Formel		131 r, m
– (?)	98 r, u		Matrone	107 r, m	107 r, u
– sein	5 l, o		Mauer	5 l, o	5 l, o
mächtige	44 l, u			23 r, u	89 r, o
Mächtigkeit	140 l, u			129 l, m	136 r, m
Magd	14 l, o	14 l, m		196 l, o	
	45 l, m	56 r, m	– (?)	56 r, m	
	58 l, o	62 l, m	– , gestützte		26 l, o
	111 l, o	191 l, o	v.Mauern umschlossener		
Mahl	149 r, u		Weg	14 l, u	
mahlen	17 r, u	150 l, m	Mauerbrecher		23 r, u
	163 l, u	163 r, o	– (?)	61 r, o	
Mahlzeit	32 l, u	99 l, u	Mauer-Fundament		110 l, u
	143 r, u		Mauerfuss	110 l, u	
mal (Multiplikation)		18 l, m	Mauerwerk	73 r, u	
Malzbrot (?)	26 l, u		Maulesel (?)		81 l, m
mamma (weibl.Brust)			Maultier	16 r, o	212 l, o
	8 r, m	8 r, m	– (?)	180 r, u	
	8 r, u	37 l, m	Maulwurf	165 l, u	
	102 r, m		– (?)	120 r, u	
"man with broad, countrified			– Bau d. M.(?)		179 r, u
speech"	91 r, o		Maulwurfsgang		179 r, m
Mangel	33 l, u	99 r, m	Maus	151 l, m	151 l, u
	104 l, o	176 l, o		151 r, m	185 r, o
mangelhaft machen		52 r, u		187 r, o	
Mann	45 l, u	56 l, o	Meer	1 l, u	6 l, m
	56 l, o	65 l, m		6 l, u	96 l, m
	66 l, m	66 l, m		102 r, o	128 r, o
	78 l, m	84 r, o		168 r, o	208 l, o
	84 r, o	163 r, u	– (?)	54 r, u	
	184 r, u	210 l, m	Meeresflut	2 l, u	
– , junger		141 l, o	Meerfisch	29 l, m	
– , (starker)		141 l, o	– , gedörrter		29 l, m
Mannbarkeit	126 l, o		Meerkatze (?)		115 r, o

M

Mehl	46 l, m	120 l, o	
	120 r, m		
- , e. Art		19 l, m	
Mehlart	16 r, m	97 l, m	
	97 r, o	97 r, m	
Mehlgefäss, kupfernes/tönernes		120 r, m	
mehr als	86 r, m		
mein Gott!	3 r, m		
Meile	71 l, o		
- , Hälfte e. M.		27 r, m	
Meister	7 l, u	7 r, o	
	44 l, m		
membrum	75 r, o	78 r, o	
	78 r, u	78 l, m	
Menge	5 l, u	84 l, u	
	96 r, m	99 r, o	
	102 r, o	121 l, u	
	124 l, m	162 r, m	
Mensch	40 l, u	78 l, m	
	84 r, o	109 r, u	
Menschen	40 l, u	144 r, m	
Menschheit	40 l, u		
Menschenmenge	4 l, m		
Mesopotamien	4 l, u		
messen	8 l, u	177 r, o	
	60 r, o	30 r, o	
	113 l, m	60 r, m	
		178 r, o	
Messleine	173 l, m		
Messrohr	50 l, o	57 r, o	
	172 r, m		
- : Trieb e.Messrohres		6 l, o	
Messer	63 l, m		
- , glänzendes		63 r, o	
- , e.aus Stein bereitetes Messer		63 r, m	
Messerklinge	91 r, m		
Metall	15 l, m		
Metallarbeiter		209 l, u	
Meth	144 l, u	145 r, u	
Meute	134 l, m		
mich, mir	158 l, o		
mieten	126 r, o		
Mietling	10 l, m	126 r, o	
Milch	37 l, o	37 l, m	
Milchkuh	6 r, u		
Milch-Löhnung		22 l, o	
Milchschaum		106 l, m	
Milchtopf	36 r, m		
milde etc. sein		181 r, o	
militärische Hilfe		69 r, u	
Militärkolonne	36 r,u	95 r, m	
	96 l, o	96 r, o	
Minister, etc.		151 r, u	
minus	148 r, m	153 l, m
mir, mich	158 l, o	
mischen	124 l, m	155 l, u
- (Wein)	200 r, m	
Mispel	197 r, o	
Missetat	204 l, m	
Mist (?)	9 l, o	
mit	14 r, m	35 r, u
	67 l, u	82 r, m
	119 r, o	203 l, u
	203 l, u	
Mittag	15 l, o	
Mitte	50 l, u	70 l, m
	130 r, m	130 r, m
	166 l, o	166 l, u
	166 r, m	190 r, u
	192 l, m	193 l, o
- (?Kampf)		192 r, m
(alles)Mögliche		182 l, u
Monat	18 l, u	104 l, u
	132 r, o	139 r, o
Monatsanfang		139 r, o
Mond, neu	14 r, o	
- : (vom Horn des Mondes) bedeckt sein		86 r, u
- : rückständig bleiben v.d.Mondsichel		56 r, m
Morast	121 r, m	135 l, m
	136 l, o	189 r, m
- , übelriechender		136 l, o
Mord	189 l, m	
morden	36 r, o	36 r, m
	39 l, m	65 r, o
Mörder	47 r, m	59 r, m
	61 r, o	126 l, u
Morgen	48 l, m	104 r, o
	117 l, u	117 l, u
	143 r, m	
Morgen(dämmerung)		5 l, m
Morgenstern	117 l, u	
Mörser	39 l, m	
- (?)	32 r, m	
- für Kresse (?)		116 r, o
Most	80 r, o	
Motte	105 r, m	120 r, m
müde werden	69 l, m	
Mühle	18 l, o	
- mühlenarbeiter, Hand-		18 l, o
Mühlstein	9 r, o	18 l, o
	111 l, o	
Mühlsteine	111 l, o	
mühsam	125 l, u	
Müller	17 r, m	18 l, o
Multiplikation		18 l, m

M

multiplizieren		171 r, u	Musikinstrument (pauken-
Mund	32 l, o	109 l, m	förmig)	25 l, u
	139 l, m	139 l, m	mutig	51 l, m
	150 r, u	166 r, o	Mutter	8 l, m	8 r, m
- öffnen	207 l, u			9 l, m	9 l, m
- schliessen 62 r, u	139 l, u		13 r, o	92 l, o
Mündung	139 l, m	139 l, m		107 r, m	107 r, u
Mus	90 l, o			108 l, m	161 l, m
- , süsses		72 r, u	- (-Leib)	9 l, o
Musik	72 r, o		Mutterleib	3 l, m	3 l, m
Musiker	4 l, o	82 r, m		19 l, m	48 l, m
	169 l, u			113 r, m	126 l, o
Musikinstrument		5 r, o		155 r, m	193 l, o
	11 r, m	11 r, m		198 r, u
	12 l, o	15 l, u	- i. Mutterleib wirken-
	64 r, m	115 l, u	de Gottheit	19 l, u
	116 r, o	150 r, m	Muttermal (?)	104 r, u
	155 r, u	197 l, o	mutwillig	26 l, o

N

Nabel	155 r, u	nennen, etc.	184 l, o
Nabelschnur (?)	81 l, u	Nergal: e. Titel Nergals	185 r, o
nach	89 r, u	Nest 6 r, o	51 r, m
Nachbar	113 l, u		51 r, m
nachdem	89 r, u	Netz 28 r, u	29 l, u
nachgewachsen (?)	155 r, o	29 l, u	85 l, m
Nachkomme 3 l, o	156 l, u	86 l, m	110 r, m
Nachkommenschaft 156 l,o	163 l,o	140 r, o	174 l, o
Nachlass 3 r, u	89 r, m	174 l, o	
166 l, m		- (?) 91 l, m	91 l, m
Nachlese(?)	152 l, m	- ausbreiten	84 l, u
Nacht 44 r, o	57 l, m	- des Gärtners	24 l, u
59 r, o	59 r, o	Netzart	48 l, m
- , Gesicht d.N.	26 r, u	neu	58 r, m
Nachteule 100 l, o		- sein/werden	58 r, m
- (?) 173 l, o		- werden 56 r, m	
Nachtgeschirr	150 l, u	Neumond 14 r, o	58 r, u
Nachtschatten	46 l, o	104 l, u	
Nachtwache, erste	92 r, m	neun 91 l, o	134 l, u
Nachtzeit 92 r, m		neunter 91 l, o	
- , zur N.	100 l, u	nicht 28 l, u	151 l, u
Nacken 46 l, u	46 r, o	169 l, o	169 r, u
46 r, m	47 l, o	- kräftig	170 l, o
Nacken durchschneidend		nichts 19 r, m	
(v.Schwerte Ninurtas)	56 l, m	(zu)nichte sein/werden	28 l, o
Nacktheit 28 l, u		niederbeugen	47 l, o
Nagel m. rundem Kopf	38 r, m	niederdrücken	47 r, u
nahe bei 67 r, u		niederdrückend	79 r, o
Nähe	112 l, o	niedergehen (von e. Regen-	
nähern, sich 42 l, m	69 r, m	schauer)	196 l, m
69 r, u	119 r, m	Niedergeschlagenheit	15 r, m
205 r, m		46 r, m	111 l, u
Nahrung 98 r, u	99 l, m	196 l, m	
193 l, m		niederkauern	78 r, u
Nahrungsmittel	8 l, o	- , sich 52 l, u	55 r, m
...nähren von...	79 r, u	75 r, m	155 r, m
Name 157 l, u	162 r, u	Niederlage 153 r, o	
163 l, o	163 l, m	Niederlassung	143 r, m
163 l, m	163 l, m	- gründen	191 r, o
Napf 73 l, m	75 r, m	niederlegen 42 r, m	143 r, m
84 r, m	84 r, m	- , sich 42 r, u	49 r, u
- , in Form der weibl.		168 l, o	168 l, m
Brust	102 r, m	168 l, m	169 r, m
Nebel 1 l, o		- , sich n.v.Schlafen	143 r, m
Nebenfrau 116 l, m		niederreissen	28 r, u
Negation 169 r, m		28 r, u	73 l, o
nehmen 70 l, m	75 r, u	niederschlagen	206 r, m
82 r, u	83 l, o	208 l, m	208 r, o
190 r, o	207 l, o	niederstossen (v.Stier)	74 l, m
209 l, o		Niederung 128 r, o	
- ,eine Frau	70 r, o	niederwerfen 8 l, o	12 r, u
Neigung 34 r, m	41 l, m	28 l, m	28 r, u
nennen 35 r, m	52 l, o	43 l, m	47 r, u
157 l, u	168 l, u	55 r, m	77 l, m
174 l, u		(s. S.38)	

N

(vorts. v. S. 37)	80 l, m	Niederwerfung		201 l, u
83 l, o	83 l, u	niedrig	106 l, u	
85 r, o	108 l, u	Niere	141 l, u	
116 l, u	143 r, m	Nord	135 l, u	
171 l, u	180 r, u	Norden	19 r, u	68 l, m
198 l, u	198 r, o		180 r, o	
198 r, u	201 l, m	d. Nord-Seite		25 r, u
201 l, u	203 r, m	Not	33 l, u	
204 l, o	204 l, o		50 r, m	50 r, m
- , sich 159 l, u			50 r, m	
- d.Antlitz (betend) 139 r, u			99 r, m	99 r, m
- , v. Sturm	76 l, u		100 l, u	176 l, o
niederwerfend	19 l, m		204 l, o	
Niederwerfer	47 r, u	Nötige, das	188 l, o	

O

oben	93 r, o		
oberer	15 r, m	46 r, u	
	49 r, u	96 r, u	
Obergewand	27 r, o		
Oberrichter (der untersucht was dahinter steckt)		3 r, u	
Oberschenkel	111 l, o		
Oberwelt	18 r, u		
Obst-Löhnung	22 l, o		
Ochs	6 r, m		
- , fetter		7 l, m	
- , grosser		6 r, u	
Ochsen-Gespanne		74 l, m	
Ochsenknecht	193 l, m		
Ochsentreiber		51 r, o	
Ochsen: trieb d. O. fort z. Einfahren(?) als Gespanne(?) 74 l,u			
Ödland	177 l, o		
Ofen	7 r, m	16 l, o	
	44 r, o	64 l, u	
	84 r, m	86 r, o	
	86 r, o	105 l, m	
	107 l, u	133 l, m	
	136 l, u	149 r, o	
	172 r, m		
- , etc.	169 l, u	169 r, o	
- , mangelhafter		53 r, m	
- , tönerner		201 l, m	
- , tragbarer		53 r, m	
	135 r, u		
- , (z. Brennen v.Ziegeln u.z. Schmelzen v.Metall) 13 l, o			
Ofenrost (?)	201 r, o		
offen	23 r, o	60 l, o	
	60 l, o		
offensinnig	35 l, o	58 r, m	
	60 l, o		
öffnen	22 l, m	23 r, o	
	26 l, u	26 l, u	
	26 r, o	26 r, o	
	27 l, o	29 r, u	
	32 r, u	33 l, o	
	39 r, u	40 l, m	
	74 r, o	74 r, o	
	75 l, m	122 l, u	
	122 l, u	131 l, o	
öffnen	144 l, o	158 l, m	
- , d. Auge		75 l, o	
- , (die Flügel)		70 l, o	
- , d. Mund		207 l, u	
- : weit geöffnet sein		27 l, m	
öffnen (d.Mundes)		17 r, u	
Öffnung	109 l, m	139 l, m	
Ohr	45 r, m	56 r, m	
	98 l, u	129 r, m	
	131 l, o		
Ohrloch	98 l, u		
Ohr (loch)	34 r, o	44 r, u	
Oleander	31 r, u		
- (?)	161 r, m	162 l, u	
Öl	130 l, m	130 r, o	
	156 l, o	194 l, u	
- , erstklassiges		130 l, m	
Öl-Löhnung	22 l, o	130 l, m	
Öl pressen	36 r, o		
Ölhändler	194 l, u		
Ölkrug (?)	193 r, m	194 l, u	
Omen	44 l, o	112 r, m	
- deuten	32 r, u		
Opfer	66 l, o		
Opfermahl	32 l, u	99 l, m	
opfern	25 l, o	66 l, o	
	182 l, o		
Opferschale	26 l, m		
Orakel	105 l, u		
- einholen	37 r, m	43 l, m	
Orakelbefrager		93 r, u	
Orakel-Deuter		44 l, m	
Orakelhaus		90 r, m	
Orakelspruch		116 l, o	
(in)Ordnung kommen		57 l, m	
Orkan	79 r, m	123 l, o	
Ort	8 l, u	109 l, o	
	148 r, o	148 r, o	
	211 l, u		
- , e. heil.		5 r, o	
Ortschaft	52 r, o	68 l, m	
	146 r, m	168 r, o	
Osiris	16 r, o		
Ost	135 l, u		
Osten	66 l, m	146 r, u	
Ozean	93 l, u		

39

P

packen	5 r, o	76 r, u	
	82 r, u		
packend (w. Finger)		77 r, m	
Palast	88 l, m		
- d.Sturmes	90 l, u	91 l, o	
Palastfrau	16 l, o	80 l, u	
	183 r, u		
palma (Längenmass)		23 r, o	
Palme, verfaulte		12 l, o	
- , Produkt der P.		14 r, o	
Palmenart	124 l, m		
Palmenmark (?)		57 l, u	
Panther (?)	170 r, u		
Panzer (aus Leder)		11 l, m	
passieren lassen		87 l, o	
Paste, dunkelrote		71 r, u	
- , goldgelbe		136 l, o	
pater familias etc.		6 l, m	
Patesi (Priesterfürst)		94 l, o	
Pauke	27 l, m	76 r, u	
	77 r, o	102 l, u	
	155 r, u		
- (Saiteninstrument?)		76 r, m	
Peiniger	204 l, m		
Peitsche	100 r, o	109 r, o	
	109 r, m		
penis	66 l, o	113 l, m	
	113 l, m		
Pfad	9 r, m	63 r, u	
- d.Schweine		178 r, m	
Pfahl	39 r, o	85 l, m	
	86 l, o		
Pfänder	42 l, o		
Pfeiler	15 l, o		
Pferch	29 r, m	160 l, o	
	200 r, u	211 l, u	
Pferd	16 l, m	146 r, u	
Pferdeart	180 r, u		
Pferdestall	48 l, u		
Pflanze	10 r, m	22 r, m	
	50 r, o	56 l, m	
	98 r, u	99 l, o	
	142 r, o	206 l, m	
- , alkalische		206 l, o	
- , Blattwerk d. P.		183 l, u	
- , e.P.voll von Ge-			
schwüren ?		50 r, m	
pflanzen	11 l, o	68 l, o	
	73 r, m	111 r, u	
	111 r, u	126 l, m	
	204 l, o		
Pflanzung	12 r, m	41 r, u	
Pflegemutter	32 r, u		
pflegen	79 l, u	118 r, u	
	118 r, u		
- d. Haupthaar		54 l, o	
Pflock	30 r, m	38 r, o	
	38 r, o	118 l, o	
	197 r, u		
Pflöcken, viele Arten von 38 r, o			
Pflug	16 r, o	17 l, o	
	65 l, u	65 r, m	
- : Eselpflug		17 l, o	
- : von Menschen gezoge-			
ner Pflug		17 l, o	
- : mit Stieren bespannter			
Pflug		17 l, o	
- : heiler/zerbroche-			
ner Pflug		17 l, o	
- : zusammen gefügter			
Pflug (bzw.nicht..)		17 l, o	
- : Teil des P.		4 r, u	
Pflug-Lehrling/Meister		17 l, m	
Pflugochs (kein Zucht-			
stier)		51 r, o	
Pflug-Schere (?)		172 r, m	
Pflugschar		91 r, m	
Pflugstier		110 r, m	
pflügen, die Erde		23 r, o	
Pflüger, gelernter (?)		17 l, m	
- , vollendeter/voll-			
kommener P.		17 l, m	75 l, m
Pförtner	38 r, o		
Pfropfen	101 l, m		
planen	25 l, o		
Planet	165 l, m		
plätten	40 l, o		
Platz	148 r, o		
- , breiter Weg		14 r, o	
Plejaden	165 l, m		
plündern	52 r, m	64 l, m	
	64 r, m	142 l, m	
Plünderung	153 r, o		
Pluralzeichen		19 r, u	
plus, in Felderplänen		26 r, u	
Podex	81 l, u	143 r, o	
Polster	165 l, m		
Porphyr	50 r, o		
Pracht	74 r,o 106 r,u	107 l, u	
- , in P.		106 r, m	
Prachtgewand		118 r, m	
Prachtkleid	154 l, o		
prächtig	106 r, m	106 r, m	
prächtig sein	74 l, m	74 l, u	
Preis	17 r, o		

P

preisen	130 l, m		Priesterklasse 173 l,u	176 l, m
pressen	35 l, u	68 r, m	178 l,o	180 l, o
Priester	160 r, o	176 l, m	- : Klasse der KALU-	
	194 r, m	197 r, o	Priester	77 r, o
- des ^{il}Ea			- :(Statuen Verehrer)	12 r, u
- der I.	106 r, o		Priesterin ^{il}Eas	92 l, m
- (Sühne-)		194 r, m	109 r, m	
- , Reinigungs-P.		179 l, u	Priesterinnenklasse	155 l, m
Priesterfürst		94 l, o	172 l, u	
	108 l, m		Priesterinnenwohnung	37 r, u
Priesterklasse		27 l, u	89 ṙ, m	
	38 r, u	40 r, o	Privileg 102 r, m	108 l, m
	41 r, o	92 l, u	Produkt d. Palme	14 r, o
	118 l, u	119 l, m	Provinz 169 l, o	
	138 l, m	151 r, u	Prozessionsstrasse	88 l, o

Q

Quader	152 l, u	quadrieren	13 r, u
Quadrat:		quellen	122 r,
ins Quadrat erheben	65 r, m	Quotient	131 l, m

R

Rabe	19 r, m	33 r, m	
	35 l, u	44 l, o	
	103 r, o		
- , gelblicher		33 r, m	
- , schwarzer		33 r, m	
- , weisser		33 r, m	
Rad	19 r, u	77 r, m	
	78 l, o		
Rang, milit.	106 r, m		
Ränkeschmied	79 l, m		
Raserei	59 l, m	83 l, o	
	83 r, o	157 r, o	
Rat	40 r, u	40 r, u	
	40 r, u		
- , beraten vom R.		56 r, u	
Ratte	10 l, m		
Raub	208 l, u		
rauben	142 l, o		
Räuber	47 r, m	59 r, m	
	61 r, o	155 l, u	
	157 l, o	161 l, o	
Rauch	129 r, m	133 l, o	
- : ... wie friedlicher R. (steige empor)		77 l, o	
Räuchergefäss aus Ton, kl.		4 l, o	
Räucherrohr	57 l, o		
Räucherwerk	129 r, m	133 l, o	
- auflegen		74 r, u	
Räude (?)	77 l, u		
Raum	89 r, o	102 l, o	
	102 l, o	130 r, m	
	130 r, u		
- , dunkler R. (i. Tempel)		132 r, m	
- , in welchem die Götter das Schicksal bestimmen		102 l, u	
Raupe	114 l, o		
- (?)	115 l, m		
Rauschtrank	140 l, m	141 r, u	
	142 r, u	147 r, m	
- : d. R. stark machen		87 l, o	
Rebe	45 r, u		
recht	120 r, o		
Recht	62 r, m	82 l, m	
	108 l, o	169 l, m	
Rechte	120 r, o		
rechts	5 l, u	120 r, o	
	120 r, o		
recht sein	119 l, u	180 r, o	
Rechtsspruch	82 l, m		
Rede	25 l, m	35 r, m	
	75 r, m		
- : die Rede verdreifachen		49 l, m	
reden	25 l, o	75 r, m
	79 l, o	80 l, o
Regen	15 l, m	106 r, m
	118 r, o	134 r, m
	134 r, u	135 l, o
	136 l, m	196 l, m
	197 r, o	
Regenbogen	15 r, u	
Regenbogenhaut	27 r, m	28 l, m
Regenschauer	196 l, m	
Regen-, Schnee-Schauer	158 l, m
	159 l, o	
Regenzeit	1 l, m	2 l, u
regieren	191 r, o	
Regierungszeit		24/25 r, u
regnen	179 r, m	180 r, m
	196 l, m	200 r, m
- v. Himmel/Überfluss	28 l, m
reichlich	154 r, o	
- machen	180 l, u	
Reichtum an Karneol (?)	31 r, m
Reif d. Wagenrades	123 r, o
rein	3 l, u	50 l, o
	50 l, o	50 r, o
	62 r, u	65 l, m
	69 l, m	71 l, o
	125 l, o	139 l, o
	160 r, u	189 r, m
	194 l, o	199 l, u
	203 r, o	204 r, m
	204 r, u	
- (?)	91 l, o	
- sein	144 r, o	
- /hell werden		144 l, o
- : für r. erklären		160 r, o
Reinheit	193 r, u	
reinigen	27 r, u	28 l, m
	152 r, m	155 l, o
	211 l, o	
- (?)	199 l, o	
- , die Haut (rituell)	112 l, m
- , d. Schreibrohr	76 l, u
reinigend	160 r, o	
Reinigung	3 l, u	3 l, u
	3 l, u	10 r, u
	89 r, m	144 r, o
Reinigungsgefäss		78 l, u
Reinigungspriester		179 l, u
	199 r, o	139 l, o
Reinigungswasser		1 r, m
	3 l, u	50 l, m
reiten	78 r, u	101 l, o
reizen d. Auge		125 l, u

R

Reklamation (?)	92 l, m	Rohrgeflecht 13 r, o	201 r, u
religiöse Abgabe	15 l, m	Rohrgestell, zum Einstellen	
rennen 54 l, u	142 r, u	von Spitzkrügen	41 r, m
Renner 136 l, m	142 r, u	Rohrhaus 88 l, m	
- (?) 64 r, o		e. aus Rohrmark bereitete	
Rest 180 l, u		Spezerei	16 l, m
- vom Überschuss	153 r, o	Rohrständer (?) für	
retten 142 l, m	142 l, u	Wassergefässe (?)	12 r, m
Reuse (?) 140 r, o		Röhricht 7 l, u	14 l, o
Revision 131 r, u		32 l, m	52 l, u
richten 28 r, u	82 l, m	57 l, m	57 l, u
120 l, m	144 l, o	60 r, u	177 r, m
144 r, m	153 l, u	- (d. Stadt)	21 r, m
Richter 9 l, u	63 l, u	rollen 71 l, u	
82 l, u		Rost 197 l, u	
richtig 180 r, o		rot 177 l, o	177 l, m
Richtung 153 l, u		180 r, u	180 r, u
- , vordere	188 l, m	- sein 174 l, u	
riechen 111 l, o	137 r, u	Rotglanz 127 l, m	
Riegel 41 l, m	59 r, o	rotglänzend (+kin=Erde?)	56 r, o
61 r, o	81 r, o	Rotwein 147 r, m	
131 l, o	153 r, m	rötlich glänzen	72 l, u
175 r, o	193 l, u	Röte 177 l, o	180 r, u
193 l, u	199 r, u	Rücken 26 r, u	48 r, m
Riemen 89 l, m	109 r, o	89 r, m	
Riesendrache 114 l, m		Rückgrat 166 l, m	166 l, u
Rind 6 l, m	6 r, m	Rückseite 3 r, u	8 r, m
51 l, m	51 l, u	48 l, u	89 r, m
Rinde 27 l, m		89 r, m	166 l, m
Rinderhirt 51 r, o		rückständig bleiben v. d.	
Rindvieh 51 l, u		Mondsichel	56 r, m
Ring 41 l, m	70 l, u	Ruder (Steuer-)	120 l, o
123 l, u		Ruderstange 62 l, u	
- (?) 108 l, u		rufen 8 l, o	35 r, m
Ringmauer 23 r, u	26 r, o	35 r, m	35 r, m
rinnen 117 r, u		35 r, m	48 r, u
Rippe 209 l, o		48 r, u	67 l, m
Rippen (knöcherner Teil) 38 r, m		161 l, u	161 r, m
- e. Schiffes	210 l, o	- , laut 49 l, m	
- /Gebälk e.Schiffes 210 r, m		- , (d.Stimme aus-	
Rispe 183 l, u		giessen)	72 l, m
Riss 1 l, m	71 l, u	Ruhe 77 l, o	180 r, o
71 r, o		Ruhelager 3 l, m	168 l, m
Ritus (?) 83 r, u		ruhen 37 r, m	49 r, u
Ritzmesser (abgel.v.Kralle)77 r,u		99 r, u	100 l, u
Robbenart (?)	98 r, o	126 r, o	134 r, o
(Röcheln) (?)?	9 l, m	143 r, o	148 l, o
Rohr 56 r, o		159 l, u	195 r, m
- , e. Längenmass	57 l, o	195 r, u	
- , gefälltes	57 l, m	ruhend vom Beischläfer	3 l, m
- schneiden	192 l, m	ruhig sein 77 l, o	
Rohrart (?) 201 r, u		ruhig werden	168 l, m
Rohrart (aus Magan)	61 l, o	Ruhm 17 l, u	17 r, o
Rohrart, etc.	201 r, u	rühmen 17 l, u	
Rohrbündel 57 r, m	174 l, o	Ruine (Wüstenei)	17 r, o

44

R

Ruine	74 l, o	142 r, m
Runzel	176 l, o	
Russ (?)	102 r, u	

S

Saatkrähe	33 r, m		Schädel	164 r, u	174 r, u
Sache	137 l, o		Schaf	101 r, m	104 r, u
Sack	28 r, m	28 r, m		137 r, m	154 r, o
	29 r, o	142 l, m		181 l, o	
	185 l, m		- , auf e.fetten Trift ge-		
- , Bussgewand		28 r, m	nährtes (?)	4 r, o	
Sackwirker	28 r, m	138 r, o	- , weibliches	42 l, m	
	166 l, o			101 r, u	153 l, o
Safren (?)	10 r, u			154 l, u	
saftig	82 l, o		- , eibl. (Gebär-)	42 l, m	
Säge	200 r, u		Schafhirten, Gehilfe d.	68 l, o	
sagen	8 l, o	92 r, u	schaffen	85 l, u	181 r, o
	184 l, o		Schaffell	8 r, o	118 r, m
Saiteninstrument		117 r, m	Schafeuter	212 l, o	
Saitenspiel	97 r, u	97 r, u	Schakal	110 l, m	170 l, m
- (?)	127 l, m		- (?)	134 r, o	143 r, u
Saitenspieler		87 r, u	Schale	73 l, o	84 r, m
Salbe, wohlriechende		137 r, u		84 r, m	
	196 r, u		schallen	72 r, o	
Salbe bereiten		156 l, m	Schaltmonat	86 r, m	
salben	81 r, u	185 r, m	Scham	110 l, u	
	198 l, o		- , weibl.	163 r, u	
- (?)	180 l, m			164 l, m	
Salber	125 l, u	178 r, o	schämen, sich	110 l, u	
Salbpriester	54 r, m	159 r, o		111 l, o	160 l, m
	161 l, m	201 r, u	Schamhaar (?)	81 r, m	
Salbung	130 l, m		schänden, d.Abzeichen		
Salz	86 r, o	86 r, o	(e.Stadt)	33 l, m	
	165 r, m	165 r, u	Scharfrichter		61 r, m
	172 l, m			106 r, o	
Same	46 l, m	163 l, o	Schatten	15 l, u	63 l, m
	170 l, m			80 l, o	80 l, u
- , etc.	169 r, u				86 l, m
Samen	1 l, m	55 r, u	Schatz	42 r, m	171 l, o
Sammelliste	76 r, o			198 r, u	
sammeln	33 l, u	47 l, m	Schatzhaus	88 l, m	
	47 l, u	47 r, o	Schaum (Bier-, Milch-,		
	74 l, m	144 l, m	Wasser-)		106 l, m
	171 l, u		Scheide	128 r, m	208 r, o
Sandale	165 l, u		Scheidegeld	70 r, o	204 l, m
Sanddüne (?)	114 l, m	135 l, m	scheiden	144 l, o	144 r, m
Sänger	79 l, m	87 r, u		145 l, o	147 r, m
	169 l, u		Scheidung	23 r, m	
Sängerin	169 l, u		Schein	192 l, u	
Sattler	20 r, u		scheinen	30 r, o	103 l, u
satt werden	98 l, o			146 l, u	
Säufer	142 r, u		Scheitel	103 r, m	103 r, u
saugend, noch		13 r, u		103 r, u	164 r, u
säugen	37 l, m		Scheiterhaufen		66 r, u
Säule	84 r, u	85 l, m		67 l, o	
säumig werden		160 r, o	- (?)	148 r, u	
Schacht	33 r, o	33 r, o	Schekel	58 r, o	62 l, o
	102 l, u	102 l, u		62 r, u	
schädigen	26 r, m	123 r, u	- , 60	157 r, u	
			- , kleiner		201 r, m

S

Schemel	62 r, o	64 l, o	
schenken	2 l, u	21 r, u	
	37 r, u	42 r, m	
	42 r, u	159 r, o	
	159 r, m	190 l, m	
	191 r, o		
Scherbe	145 l, o	202 l, u	
scheren	77 r, u	110 r, u	
Scherer	150 l, m		
Schermesser	63 r, o		
- (?)	182 r, m		
Scheune	42 l, u	135 l, m	
- für Ernte (?), für Feldgeräte (?)		94 r, m	
schicken	8 l, u	45 l, u	
	57 l, m	57 r, u	
	58 l, o	62 l, u	
	62 r, o	149 r, u	
Schiff	157 r, u		
- auf e.Sch.laden		158 l, o	
- bauen	74 r, u		
Schiffer	35 r, o	157 r, u	
Schiff m.e.Tau ziehen		60 r, m	
- , Rippen/Gebälk des Sch.	210 l, o	210 r, m	
Schiffsbau	151 l, o		
Schiffsbauer	9 r, m		
Schiffspfahl	138 l, o	205 r, o	
Schiffspflock		38 r, m	
	81 r, u	85 l, o	
Schiffssteuer (?)		101 l, m	
Schiffstau	73 l, m	85 l, o	
	138 l, o		
Schiffsteil	13 l, u		
Schild (?)	83 l, m		
Schildkröte	22 l, m	105 r, m	
Schildkrötenart		47 r, o	
Schilf	99 r, u		
Schilfdickicht		86 l, m	
Schilfrohrart		157 r, u	
Schirm	80 l, u	80 l, u	
schirrten sie an		74 l, u	
schlachten	177 r, o	200 l, u	
Schlächter	61 r, m	106 r, o	
Schlaf	99 r, u	99 l, u	
- (d.Augen fassend)		83 l, u	
- süsser		99 r, u	
schlafen,sich sch.legen		143 r, m	
- ,sich niederlegen		143 r, m	
- ,sich z.Sch. n.		100 l, o	
Schlafzeit	92 r, m		
Schlag	47 r, m	128 l, u	
	207 r, u		

schlagen	6 r, m	22 r, m	
	24 r, o	25 l, u	
	37 r, m	39 l, m	
	47 r, u	52 r, u	
	58 l, o	58 l, o	
	152 r, o	174 l, m	
	175 l, o	181 r, m	
	189 l, m	189 l, m	
	189 l, u	189 l, u	
	204 l, o	204 l, o	
	205 l, u		
- , ins Gesicht		132 l, o	
- , mit der Waffe		65 r, m	
Schlagnetz für Vögel		57 r, m	
Schlamm	119 r, m	121 r, m	
	152 l, u	152 r, o	
- , Meer/Fluss		135 l, u	
- , im Sch. waten		198 r, o	
Schlange	166 r, m		
- , sich zusammenringeln v.d. Sch.	47 r, u	59 r, m	
- : Determinativ vor Schlangennamen		166 r, m	
schleppen, sich		179 r, m	
schliessen	57 r, u	85 l, m	
	198 r, u		
- , ringsum		43 l, o	
- , e. Tür		30 r, m	
- , d. Tür	38 r,o	47 l, m	
- , Tür/haus		61 r, o	
schlimm	59 l, m		
Schlinge	45 l, o	138 l, o	
- , Abgrund der Sch.		22 r, o	
schlingen	41 l, m		
Schloss, Verschluss		43 r, o	
Schlüssel	33 l, u	38 l, m	
	38 r, m	204 l, u	
Schmaus	199 r, o		
Schmähung	147 l, o		
schmelzen	203 r, m		
Schmelztiegel		12 l, u	
	147 l, u		
Schmerz	45 l, o	56 r, u	
Schmied	181 l, o	181 r, u	
	183 l, o		
Schminke	196 l, o		
Schmuck, goldener		115 l, u	
Schmuckgegenstand		151 l, m	
schmücken	79 r, o	203 r, u	
Schmutz	155 l, m	194 l, u	
schmutziger (?) Geifer		1 r, o	
schmutziges (?) Wasser		1 r, o	
Schnee	135 r, u		

S

Schnee-,Regen-Schauer	158 l, m	Schulterstück (b.Opfer)	146 l, u
	159 l, o	Schuppe (?) 27 l, m	
schneiden 144 r, m	145 l, m	Schur 8 l, o	
147 r, m		Schüssel 26 l, m	
Schnupfen 34 r, u		Schuster 20 r, u	
- haben 196 l, o		Schutz 15 l, u	80 l, o
Schnur 46 l, m	197 r, m	80 l, u	102 r, m
schön 75 l, u	181 r, o	108 l, m	198 r, u
- sein 78 r, o	163 r, o	Schutzdach 14 r, m	80 l, u
- sein (v.d.Schrift)	165 l, m	Schutzgeist 196 r, m	
Schöpfeimer 5 r, o		Schutzgott 12 r, o	
Schöpfer 44 l, m		Schutzgottheit	105 l, m
- der Köche	93 r, o	schütteln, d. Haupt	207 l, u
Schöpfername Eas	85 r, m	schützen 67 l, u	67 r, u
Schöpfvorrichtung	1 l, u	68 l, o	
Schoss 66 l, m	75 r, o	Schützling 102 r, m	
78 r, o	78 r, u	schwach 5 r, m	25 r, m
110 l, u	110 l, u	25 r, m	25 r, u
112 l, o	113 l, m	25 r, u	85 r, m
116 l, m	194 r, m	124 r, o	156 r, u
- des Kleides	208 l, u	180 r, o	181 l, o
Schössling 3 l, o	124 l, u	181 l, m	208 r, o
Schrecken 125 r, u	164 l, m	- (?) 63 l, o	83 r, m
Schreckensglanz	178 r, u	Schwäche, körperliche	86 r, o
schrecklich 200 r, m		schwächen 179 r, o	
schreiben 8 l, u	44 r, u	schwächlich 85 r, m	
176 r, o		Schwägerin 96 l, o	
Schreiber 3 r, u	4 l, u	Schwalbe 169 l, o	
7 r, o	76 r, o	Schwan (?) 132 l, u	
78 l, o	104 l, o	schwanger sein	2 r, m
Schreibrohr 57 r, o	76 r, m	185 r, m	
- putzen 23 l, u		schwanken 207 r, o	
- reinigen 76 l, u		Schwanz 146 l, m	146 l, u
schreien 35 r, m	35 r, m	schwarz 59 r, o	187 l, m
48 r, u	49 l, o	(die)Schwarzköpfigen	144 r, o
49 l, u	49 l, u	Schwarzmondzeit	104 l, u
72 l, u	76 l, m	Schwarzmond(-es,Zeit d.)101 l, o	
77 r, o	77 r, o	schweben 153 r, m	179 r, u
90 r, u	155 r, u	180 l, o	
161 l, u	179 r, o	schweigen 58 l, u	62 r, u
- , laut 122 r, u		137 l, m	139 l, u
laut schreiender		Schweigen 58 l, u	121 r, o
Schreiner 200 l, m	91 r, m	137 l, m	180 r, o
Schriftstück 165 l, o	165 l, u	196 l, m	
Schrifttafel 141 r, o		Schwein 63 l, m	150 r, m
Schritt 63 r, u	63 r, u	161 r, u	175 r, o
63 r, u	162 r, o	193 r, o	
Schuh 88 l, o	95 l, o	Schweine, Pfad der	178 r, m
165 l, u		Schweinestall	57 r, o
Schuhriemen 89 l, m	89 l, m	Schweiss 137 r, u	138 r, o
95 l, o	130 r, m	schwellen 111 l, m	
Schuhwerk 95 l, o			
Schuld 59 l, u			
Schulter 26 r, u	146 l, u		

S

schwer	13 l, o	55 l, m	Sehne	4 l, u	10 r, u
	67 l, u	79 r, o		174 l, m	
	79 r, m	87 r, u	seihen	183 l, o	
	108 l, u	132 r, u	Seil	84 r, u	126 l, o
	207 r, m			138 l, o	
- etc.	201 r, o	210 l, o	sein	37 r, o	39 r, u
- machen	147 l, m			40 l, o	42 r, m
- sein	91 l, m	147 l, m		42 r, m	85 l, u
- sein v. Besitz		55 l, m		119 r, o	209 r, m
Schwere	79 r, m		- , etc.	161 l, m	
Schwert	54 r, o	63 l, m	- , haben		209 r, u
	63 l, u	63 l, u	sein (= gemacht sein)		85 l, u
	104 l, m		sein lassen	39 r, u	
Schwester	172 l, u	203 r, u	Seite	4 r, m	4 r, o
Schwiegereltern		113 r, u		26 l, u	26 l, u
Schwiegermutter		19 r, o		26 r, o	27 l, m
	161 l, u			46 r, o	46 r, o
Schwiegersohn	3 l, m	19 r, o		46 r, o	47 l, o
	166 l, o			67 l, u	67 l, u
Schwiegertochter		3 l, m		102 l, o	102 l, o
	3 l, m	19 r, o		102 l, m	113 l, m
	19 r, o			113 l, m	115 r, u
Schwiegervater		112 l, o		115 r, u	131 l, u
	113 r, u	166 r, o		134 r, u	136 l, m
schwierig	141 l, m			148 l, m	148 r, o
schwinden v. Fleisch		33 l, o		148 r, m	
Schwinge	5 l, u		(an der) Seite (von, mit)		4 r, m
schwitzen	117 r, o		Seite : an jds. S.gehen		73 l, u
schwören	49 l, u	144 r, m	- : bei S. gestellt		27 l, o
	145 l, u		- d. Menschen 166 l,m		14 l, u
Schwur	96 l, m		- : in d.S. stossen	116 l, u	
sechs	20 r, m	21 r, o	- , rechte		115 r, u
sechzig	97 l, u		- , Ufer		46 r, o
Seele	70 l, m		- , zur S.		119 r, o
- d.Verstorbenen		61 l, m	Seiten, beide		10 l, m
Segen	31 r, o		selbst	170 r, m	
sehen	26 r, u	26 r, u	Sekel (s. Schekel),		
	26 r, u	40 l, m	e. Unterabteilung		150 l, u
	40 l, m	75 l, o	Senator	109 l, u	
	82 r, o	88 r, o	senden	56 r, o	56 r, u
	100 l, m	101 r, o	- (?)	126 l, m	
	101 r, o	103 r, o	- , v.e.Sendung		56 r, o
	106 l, m	129 l, u	Sendung	149 r, u	
	131 l, m	131 l, m	Senkereh	19 l, o	
	131 l, u	131 l, u	Senkung	34 r, m	
	131 r, o	131 r, o	Serie	143 r, u	
	132 l, o	143 r, o	Sesam	83 r, m	156 l, o
	152 l, o	160 l, m	- -Grütze		38 l, u
	184 l, u		Sesamöl	83 r, m	
- (mit d.Auge fassen)	68 r, m		Sessel	43 l, u	46 r, o
Seher	4 l, u	10 r, m		52 l, u	143 r, u
	10 r, m		setzen	5 r, u	37 l, u
	118 l, m			37 r, u	39 r, u
Sehkraft	131 l, u			40 l, o	42 r, m

S

(setzen)	42 r, m	58 l, m	
	159 l, u		
- , d. Hintern		43 l, u	
seufzen	2 l, m	2 l, u	
	148 l, m	176 r, m	
Seufzer (?) (mein Gott!)		3 r, o	
Sichel	41 l, u	63 r, o	
	66 l, u	118 l, u	
	118 l, u	188 l, u	
Sicherheit	109 l, u		
sie	96 r, m		
sieben	34 r, u	108 r, o	
Sieder	64 r, o		
Siederei, grosse		64 r, o	
Sieg	88 r, m		
Siegel	50 r, o	78 l, m	
	135 r, m	151 r, m	
siegeln	47 r, u	50 r, o	
	54 l, o	65 r, m	
	71 l, u	74 r, m	
	76 l, m	76 r, o	
	189 l, u		
Siegelstein-Schneider		32 r, o	
Sieger (?)	68 r, u		
Siegesgeschrei		100 r, o	
siegreich (?)		209 l, m	
Silber	144 l, o	144 r, m	
singen	75 r, m	75 r, u	
	77 r, o	155 r, u	
	183 r, o		
- , laut, v.e.Chor ?		91 r, m	
sinken (?)	134 r, o		
Sinn	35 r, u		
sinnen	137 r, u	198 r, m	
Sippe	113 r, u		
Sitz	29 l, o	81 l, u	
sitzen	81 l, m	81 l, u	
	143 r, o	159 l, u	
	209 l, o		
- , etc.	177 l, o		
Sklave	18 l, m	19 l, m	
	88 l, o	95 r, o	
	151 r, u	171 r, u	
- , (starker)		56 l, u	
- , im Haus geborener	92 l, m		
Sklavin	63 l, o	95 r, m	
Skorpion	63 l, u	63 r, m	
	64 l, m	103 l, m	
	162 l, u		
Sockel	119 r, u	148 r, m	
Sohn	1 l, o	2 r, u	
	2 r, u	78 l, m	
	78 l, m	80 r, o	
	128 l, m	162 r, u	
	208 l, u		
Sohn, ältester		31 r, m
- , (erbberechtigter)		31 r, m
- , (Erb-)		94 r, o
solange als	92 r, m	
Soldat	36 r, m	47 r, m
	59 r, m	61 r, o
	95 r, m	96 l, o
	96 r, o	187 l, m
Soldaten: Gattung von S.		13 r, o
Sommer	92 l, o	97 r, o
Sonne	100 r, m	104 l, m
Sonnenaufgang		23 r, o
	66 l, m	100 r, m
Sonnenschein		192 l, u
Sonnenuntergang		66 l, m
	114 l, o	
Spalt	87 r, o	
spalten	33 r, o	71 l, m
	71 l, m	74 r, o
	145 l, m	149 l, o
	207 l, u	
- , (Holz)		31 r, u
Spaten (?)	11 l, u	11 r, m
	11 r, u	109 r, m
später	26 l, u	
späterer	26 r, o	89 r, u
Spatz (?)	33 r, m	
Speichel	105 r, m	105 r, u
	105 r, u	
- ,ausgeworfener	72 r,o	106 l,o
- (machen)		79 l, u
Speicher	18 r, o	88 l, o
	96 l, u	96 r, o
	150 r, o	212 r, o
- , kleiner		211 l, m
Speise	99 l, m	143 r, u
	172 r, m	173 l, m
Speiseopfer	172 r, u	
Spezerei, e. aus Rohrmark		
bereitete		16 l, m
- ,e.übelriechende		121 r, u
Spiegel	115 r, m	
spielen	77 r, o	82 l, u
	125 r, m	
Spindel	24 r, u	24 r, u
Spinne (?)	20 r, m	
spinnen	118 l, o	179 r, o
	183 r, o	
Spitze	46 r, u	137 r, o
	163 l, o	
Spitzentrieb (?)		134 r, m
Sprache	35 r, m	91 r, o
	91 r, o	129 l, m
	161 l, u	202 l, m

50

S

sprechen	6 l, u	25 l, o	stark (?)	8 r, u
	30 l, o	35 r, m	stark machen den Rausch-	
	35 r, m	35 r, m	trank	87 l, o
	48 r, u	48 r, u	stark sein 101 l, u	157 r, o
	52 l, o	72 l, m	157 r, m	193 r, u
	72 l, m	72 l, u	starke	44 l, u
	72 r, m	75 r, m	Stärke 5 l, o	92 r, o
	75 r, m	79 l, o	116 l, u	157 r, o
	82 l, u	82 r, u	193 r, u	199 r, m
	87 l, u	87 l, u	Statuen d. Ahnen	92 r, o
	129 l, u	158 r, u	Statthalter 193 l, u	
	161 l, u	191 r, o	Staub 95 l, u	175 r, m
-, mit Auktorität ?	6 l, u	Staubwolke (?) 106 l,u	175 r, m
- ein Wort 80 l, o		Staunen 106 l, m	
-; zornig sein	6 l, u	Steckling (?)	124 l, u
Spreu	136 r, o	136 r, m	stehen 49 r, m	49 r, m
- (?)	70 l, o		49 r, m	62 r, m
spriessen	28 r, o	155 l, u	113 l, m	113 l, m
springen	183 l, u		177 l, o	177 r, m
springend	51 r, o		-, etc. 173 r, u	
Spross	55 r, u	137 l, u	stehend bei...	80 r, u
	137 r, o	154 r, u	stehlen 118 r, m	
	165 l, u	170 l, u	Steigung 193 l, m	
- (?)	11 r, u	134 l, m	Stein 7 l, o	7 r, o
Sprössling	55 l, o	85 r, u	32 l, u	84 l, u
	85 r, u		115 l, o	115 r, o
Spuck	105 r, u	155 r, o	130 l, m	130 r, o
Spur	110 r, o		168 l, o	168 l, u
Stab	27 l, o	61 l, m	187 r, m	
	122 l, o	164 r, m	- u.daraus bereitetes	
	202 l, o		Messer	63 r, m
- (?)	57 l, o		Steinbock 71 r, o	71 r, m
Stadt	95 r, m	111 r, m	81 r, u	
-, grosse		18 r, o	Steingefäss 32 l, u	32 l, u
Stadttor	29 l, o	140 l, m	59 r, u	
Stall	6 r, m	14 l, o	Steinkeule (?)	50 r, o
	29 r, m	29 r, m	Steinmetz 85 r, o	116 r, u
	122 l, m	126 l, m	Steinschneider	52 r, u
	160 l, o	160 l, o	Stele 168 l, o	190 l, m
	200 r, u	201 l, o	Stelle 148 r, o	
	201 l, m		stellen 49 r, m	49 r, u
-: Rinder- und Schaf-		57 l, o	153 l, u
stall	155 l, m	159 l, u	
Stallkuh	7 l, m		-, sich 49 r, m	49 r, m
Ständer	170 l, o		Stengel 137 r, o	
Standort	50 l, o	65 r, u	Steppe 3 r, u	8 r, u
	66 r, o	109 l, o	27 l, m	90 l, m
Stange	39 r, o		90 l, m	98 l, u
stark	5 r, m	5 r, u	116 l, o	156 r, m
	51 l, m	51 l, u	Steppenesel 81 r, m	
	52 l, o	56 l, o	Steppentier 13 l, o	
	67 l, u	67 r, u	sterben 24 l, o	37 l, u
	98 l, u	100 r, m	37 r, o	41 l, m
	108 l, u	110 l, m	54 l, m	210 r, u
	140 l, o	140 r, u	- (wegsterben/gehen)	83 l, m
	141 l, o	152 l, u		

S

Stern	14 l, m	106 r, u	Stuhl	39 r, m	46 r, o
	165 l, o	200 r, o		81 r, o	
Steuer	132 l, m		Stuhlfuss	77 r, u	
Steuerruder: Teil d. S.		77 r, u	stumm	83 l, u	91 r, m
Stiel (?)	22 l, m		Sturm	79 r, m	100 r, m
Stiel (?) des Beiles		22 l, u		104 l, m	106 l, u
Stier	12 r, o	49 l, u		111 r, o	116 r, m
	51 l, m	51 l, m		121 r, o	123 l, o
	51 r, m			135 l, o	135 l, m
Stier-Futter	14 l, o			135 r, u	156 r, m
Stier, grimmiger		13 l, m		162 l, u	167 r, m
Stier-Kuh	13 l, m			180 r, o	190 r, m
Stier: v. Stier/Ziegenbock				191 r, u	191 r, u
gestossen		190 l, u		191 r, u	
Stierkalb	13 l, m	13 r, u	- (nicht ertragbar)		101 l, o
Stille	121 r, o		Sturm: Herr d.Luftraumes/		
still sein	180 r, o		Sturmes		156 r, u
still werden	57 l, o	62 r, o	Sturm(-Löwe)		186 r, u
Stimme	67 l, m	98 r, u	Sturmdämon	103 l, m	
	161 l, u		Sturmflut	2 l, o	111 r, u
stinken	122 l, u			111 r, u	158 l, o
Stirn	151 l, u		Sturmwind	135 l, m	191 r, m
- (?)	46 r, m		stürzen	53 r, u	54 l, o
Stirnhaar	76 r, o			73 l, o	143 r, m
Stock	27 l, o			199 l, u	
Stoff, e. aromatischer		13 l, u	Stütze	25 r, o	
Stoff, gewobener		71 l, u	- (bedürftig)		25 r, m
stöhnen	3 r, m		Stütze	25 r, u	26 l, o
Storch	101 l, u			26 l, o	26 l, o
stossen	74 l, m	87 r, o		112 l, o	113 l, m
	189 l, m	204 l, o		133 r, o	170 l, o
- , v. Stier		74 l, m		206 l, m	
- , v. Stier/Ziegen-			stützen	113 l, m	113 l, u
bock		190 l, u	- , sich	57 l, m	133 r, o
Stössel des Mörsers		39 l, u	suchen	28 l, o	30 r, u
Strasse	88 l, o	95 l, o		149 r, u	153 l, u
	98 r, u	130 l, u	- (?)	28 l, u	
	178 r, m	182 r, o	Süd	40 l, u	135 l, o
	182 r, m	209 r, u	Süden	68 l, m	
strecken	153 l, u		Südsturm	40 l, m	
Streit	76 l, o	100 r, u	Südwind	40 l, u	
Strick	97 l, m	197 r, m	Sühnegerät	77 l, u	
Stroh	43 r, u	70 l, o	(Sumer), das Land		141 l, u
	136 r, o			141 r, u	
- (zum Dachdecken)		209 l, m	Summa	172 r, o	
strotzen	43 l, o	74 l, m	summa summarum		46 r, u
	117 l, u	180 r, m	Summe	143 l, m	149 l, u
	193 r, u	195 l, o		171 l, u	149 r, u
- lassen	194 r, u	207 l, u	Sumpf	8 r, m	32 l, m
Stück	23 l, o			44 l, o	69 r, o
- , abgetrenntes		149 l, m		69 r, o	108 l, o
Stufe der Treppe		101 l, u		108 r, o	177 r, m
Stufenturm	101 r, u			188 l, m	
d. 7 Stufen/Stromschnellen			sumpfiges Gelände		14 l, o
des Tigris		102 l, u			

S

Sünde	68 l, u	168 l, u	süss sein	75 r, o	121 l, o
	168 r, u	182 r, m	- sein v. Datteln		116 r, m
	196 l, m	203 l, u	Süssholz	97 l, m	
	204 l, m		süsses Mus	72 r, u	
süss	75 l, u	78 r, o	Süsspeise	90 l, o	
	78 r, m	94 r, m	Süsswasser	1 r, u	2 l, u
	94 r, m	144 l, u	Süsswasserabgrund	7 r, o	93 l, u
	145 r, u	145 r, u	Szepter	57 l, u	61 l, m
	181 r, o	192 l, u		122 l, o	163 l, o
	193 l, m				

T

Tafel	78 l, m	98 r, u	
	135 r, u		
- -Korb (Archivar)		39 l, o	
- zerbrechen		33 l, o	
Tag	99 l, m	100 r, m	
	100 r, m	103 l, m	
	103 l, u	103 l, u	
	104 l, m	104 r, o	
	104 r, m	106 l, u	
- etc.	184 r, o		
Tagelohn	4 r, o		
Tagelöhner	126 r, o		
Tageszeit	15 l, m		
täglich	104 l, u		
Tal	82 r, o	158 r, m	
Talent	46 r, m	53 l, u	
- , gewöhnliches		48 r, o	
Tamariske (?)		202 l, u	
tänzelnd	52 l, o	145 r, o	
tanzen	153 l, u		
Tatbestand	89 r, u		
Tau	84 r, u	84 r, u	
	126 l, o	137 r, u	
	138 l, o		
taub	45 r, u	45 r, u	
	106 l, o	124 r, m	
Taube	205 r, u	206 l, u	
Taubheit	111 l, o		
- vom Ohr	191 l, o		
Teich	44 l, o		
Teig	152 l, u		
Teil	23 l, o	122 l, u	
	131 l, m		
- des Armes		148 l, m	
	164 l, u		
- des Tempels		6 r, o	
	60 l, o	97 l, m	
	98 r, m		
teilen	26 r, o	122 l, u	
	122 l, u		
Tempel	88 l, m	116 r, o	
- (dunkler Raum)		132 r, m	
- , kultisch reiner		89 l, u	
Tempel-Domäne		92 l, u	
Tempelreinigungsfeier (?)	49 l, u		
Tempelturm	73 r, u	112 r, u	
- :unterste Stufe d.T.	73 r, u		
Tempel-Stadt	28 l, u		
Tempelverwalter		194 r, m	
- , e. hoher	9 l, m	192 r, u	
Temperatur	92 r, u		
- u. dgl.	92 l, u		
Terebinthe (?)		12 l, m	
Teufel	125 l, u		
Thron	39 r, m	46 r, o	
	65 r, u	139 r, m	
	184 r, o		
- (?)	81 r, o		
thronend	81 r, o		
Throngemach	139 r, m		
Thronsaal d. Tempels		48 l, o	
Thronträger	46 r, o		
Tiara	8 r, o	9 l, m	
tief	60 l, o		
Tiefe	32 l, u	33 r, o	
	33 r, o	34 r, m	
	35 l, m	58 r, o	
	74 l, o	80 r, m	
	80 r, u	81 l, o	
	102 l, u	102 r, o	
	126 l, u	128 l, u	
	179 r, u	185 r, u	
	207 r, u		
- u. Höhe		15 r, m	
tiefliegen	35 l, m		
- , etc.	208 r, o		
tiefliegend	35 l, m		
Tiger (?)	51 l, o		
Tieger (?)	110 l, o		
Tier	7 l, o	103 l, m
	103 r, m	159 r, m
Tierjunges	13 r, u	
Tiername	145 r, o	
Tigris	12 r, o	132 r, u
	132 r, m	
tilgen	184 l, u	190 r, m
Tischbein	78 l, o	
Titel eines dienenden Gottes	14 r, m	
toben	153 l, u	
Toben	41 l, o	82 r, o
Tochter	80 r, o	
Tod	24 l, m	103 r, o
Ton	134 r, m	202 l, u
- abkneifen		150 r, m
- :e.kl.Räuchergefäss aus Ton		4 l, o
- ,e. Stück		135 l, o
Tongefäss	202 l, u	202 r, o
Tonkiste	59 r, u	
Tonne	54 r, m	54 r, m
	55 r, o	90 l, u
- , irdene		54 r, m
Tonröhre	135 r, o	
- (?)	73 r, u	
Tontafel	76 l, m	76 l, u
	78 l, m	134 r, m
	134 r, u	136 l, m

54

T

Tontafelhülle	135 l, u	Trankopfer 50 r, o	
Tontafelkiste	135 l, m	Trankopferspender	72 r, o
Topf 78 l, u	105 l, m	Tränke 1 l, u	
192 r, u		- : Weide und T.	99 l, o
- , irdener	78 l, u	tränken 168 r, o	
Töpfer 39 r, m	78 l, u	Trauer 141 r, m	
- = ᵈEnlil	24 l, u	trauern 86 l, u	141 r, m
- : ein Gerät d.T-	193 r, m	177 l, m	
Töpferscheibe	102 l, u	Traum 159 l, o	160 r, m
- (?) 167 l, o		Traurigkeit 83 r, m	
Töpferton, e.Stück	64 r, m	Treber 38 l, u	
65 l, m	106 l, u	treffen 5 l, m	56 r, u
töricht 132 r, u		treiben 30 l, u	113 l, m
Tor 29 l, o	141 r, m	126 r, m	
- , äusseres	140 l, m	- (?) 126 l, u	
- (Stadt-)	140 l, o	- , ziehen,wie Wolken	87 l, m
- , Teile e. T.	141 r, m	treideln 60 r, o	60 r, m
Torpflock 38 r, o		- (e.Schiff mit e.Tau)	60 r, m
tot 5 l, u	11 r, m	Treideln e. Schiffes	157 r, u
23 r, u	103 l, u	Treidler 60 r, m	158 l, o
113 r, o	210 r, u	trennen 131 l, u	145 l, m
- , etc. 113 r, o		199 l, m	
Totenbeschwörer	31 r, u	- , etc. 205 l, u	
Totengeist 60 l, m	61 l, m	Trennung	166 l, u
90 l, m		Trennungslinie	190 r, u
Totenopfer (in e.Erdspalte?)		treten 49 r, m	49 r, m
71 l, u		50 l, o	51 l, o
töten 24 l, o	39 l, o	51 l, o	62 r, o
39 l, m	58 l, o	64 l, o	200 l, o
103 l, u	189 l, m	treu 120 r, o	
trachten 137 r, u	198 r, m	Trieb e.Messrohres	6 l, o
trächtig 41 r, u	41 r, m	triefäugig sein	86 r, u
tragbar 31 l, m		trinken 136 l, u	168 r, o
Tragbrett 81 l, m	82 l, m	191 r, m	
134 l, o		- : zu t. geben	194 r, u
tragen 38 l, o	40 l, m	Trittbrett 62 r, o	64 l, o
54 l, m	54 l, u	trocken werden	10 r, u
54 l, u	54 r, m	88 r, u	152 r, o
55 l, u	55 r, o	trocknen 17 r, u	
55 r, o	58 l, o	Trommel 102 l, u	162 l, u
67 l, u	72 l, u	tropfen 36 r, o	72 l, m
75 r, u	82 r, u	trüben 154 r, o	
106 r, u	133 r, m	Trümmerhügel 74 l, o	80 l, m
134 l, u	153 l, u	Truppenmacht 134 l,m	184 r, m
198 r, o	208 l, o	Tuch 27 r, o	206 r, m
tragend (bei Fruchtbäumen) 11 r,m		207 l, m	
Tragesel 81 l, m		Tuchart 163 r, u	
(fort-)tragen	190 r, m	Tuch-Löhnung	22 l, o
Traggestell 81 l, m		tüchtig 38 l, u	44 l, m
Tragkissen 133 r, u		Tümpel 108 l, o	108 r, o
Tragkorb 82 l, m		tun 7 r, u	42 r, m
Träne 1 l, m	94 r, o	73 r, o	79 l, o
95 l, u	138 l, o	79 l, u	85 l, u
tränen 86 r, u		Turnus 24 r, u	24 r, u
Tränenstrom 2 l, m	2 l, u	Tür 130 r, u	

T

Türangelstein 13 l, o	116 l, u	Türschwelle	129 r, m
Türpol	101 l, u	Teil e. Tür	94 r, m
Türriegel	131 l, o	Teil d. Tür (?)	39 r, o
(die) Türe schliessen	47 l, m	Tür: Urbild d. Zeichens	39 r, u

U

übelriechend	121 l, u		
-, v. Menschen	28 l, o		
über	86 r, m	96 r, m	
	103 r, m		
überantworten (in d. Hand geben)	73 r, m		
über, auf	207 l, u		
Überfahrt (?)	10 l, m		
überfallen	51 l, u	183 l, u	
Überfluss/regnen v.Himmel	28 l,m		
Überfluss	124 l, u	126 l, o	
- : Abgrund v. Ü.	191 l, u		
übergeben	180 r, u		
übergross sein	191 l, u		
Überkleid	80 l, u		
überlaufen	134 r, m		
Überlegtheit	25 r, u		
übermächtig	126 r, m		
überragend sein	87 l, o		
überreich v. Regen	53 l, o		
- (an Glut)	70 l, m		
überschreiten	15 r, m		
	24 r, m	24 r, m	
	189 l, u		
Überschuss	86 r, m	180 l, u	
- :Rest vom Ü.	153 r, o		
überschüssig	86 r, m		
überschwemmen	25 l, o	37 r, u	
	42 r, m	42 r, u	
	159 r, o	161 r, o	
	189 l, u	190 r, m	
	205 r, u		
-, mit Wasser	1 r, o		
übervoll	53 l, o		
- sein	86 r, m	86 r, m	
überwältigen	41 r, o	74 l, m	
	79 r, u	80 l, o	
	129 l, u	129 l, u	
- v. Frost	74 r, m		
Überwurf	172 r, o		
-, e.leinerner	209 l, o		
überziehen	42 r, m	180 r, o	
Überzieher (?)	164 r, m		
überzogen	43 l, o		
Überzug	43 l, o	82 l, o	
	146 l, o	166 l, m	
(das) Übriggebliebene (bei Heuschrecken)	197 r, u		
(das) Übriggebliebene vom Mehlsieb	196 r, m		
Ufer (d.jenseitige Flussufer)	24 r, u		
Ufer=Land	53 r, o		
Ufer	46 r, o	148 r, o	
Uferdamm	10 l, m	142 l, o	

Umfassung	181 r, m		
umgeben	31 l, o	54 l, o	
	56 r, m	68 r, o	
	68 r, m	68 r, u	
	76 l, u	76 l, u	
	77 r, m	83 l, o	
	88 r, m	107 r, u	
	171 l, o	171 l, u	
	172 l, m	172 r, o	
	180 r, o		
Umgebung (?)		34 r, u	
Umfriedung	14 l, o		
umgraben	8 l, o	11 l, u	
	192 r, m		
umhergehen	73 l, u	75 l, u
- (verleumdend)		75 l, u
-, verleumderisch		79 r, u
umherirrend	75 l, m	
umherlaufen	82 r, o	87 l, m
umherschweifen, unstet	68 r, u	
Umhüllung	48 l, o	161 r, o
Umnachtung	30 r, u	
Umriss	65 r, m	
umschliessen		26 l, u
	42 r, m	56 r, o
	58 l, o	76 l, m
	80 l, o	
-, rings	38 l, o	43 l, o
- (mit e.Erdaufschüttung)		76 l, m
- (von d.Einfassung)		43 l, o
Umschliessung	9 l, o	143 r, u
	166 l, m	179 r, m
umstürzen	54 l, m	54 l, m
Umwallung	211 l, u	
umwenden	53 r, u	54 l, o
umwerfen	86 r, m	
unbändig	26 l, o	
unbebautes (Brachland)		141 r, u
und	35 r, u	
und, auch	100 l, m	
ungestüm	207 r, o	
- (?)	209 l, m	
- sein	207 r, u	
Unmasse	195 l, u	
Ungeziefer	105 r, m	105 r, m
	105 r, m	154 l, m
	179 l, o	
Unglückstag	101 l, o	
ungültig machen		54 l, m
Unheil	59 l, u	
Unrast	130 l, o	
Unrat	194 l, u	
- (?)	155 l, m	
(die Unreinheit)entfernen	16 r,m	

U

unrein sein 111 l, u		Unterwelt 127 r, o	127 r, o
unstet umherschweifen	68 r, u	148 r, o	148 r, o
unten 148 r, o		148 r, m	150 r, u
- , nach 148 r, o		- (?) 91 l, o	
Unterbau 150 r, m		unterwerfen 47 r, u	
unterdrücken 24 r, m		unterworfen 46 r, m	
untergehen	59 r, o	unterwürfig 85 r, u	108 l, u
60 l, u	60 l, u	- sein 139 r, u	
60 r, o	60 r, o	- sein (?)	205 l, o
198 r, m		unversehrt sein 8 r,o	182 r, o
- (v.d.Sonne/Tag)	198 l, u	- sein/halten	57 l, m
unterhalten 67 r, u		üppig 99 r, o	106 r, m
- , e. Witwe	68 l, o	161 l, m	180 l, u
Unterhaltungskosten	26 r, m	- sein 131 r, u	
Unterhirt 68 l, o		Üppigkeit 107 l, u	107 l, u
Unterjacke 32 r, o		166 r, o	
Unterschenkel (?)	10 l, u	üppig machen 194 r, u	
Unterstützung	69 r, u	üppig sein/werden	195 l, o
untertänig sein	11 l, o	üppig wachsen 153 r,u	155 l, u
untertauchen 60 l, u	60 l, u	Urheber des Bannes	96 l, m
Unterwelt 18 r, o	18 r, m	Urin 2 l, m	142 r, u
42 r, o	101 r, m	Urprinzip der Welt,	
112 l, u	127 r, o	männliches 7 r, o	

V

Vater	3 l, o	3 l, m	
	3 l, m	7 l, u	
	7 r, o	9 l, o	
	9 l, m	9 l, m	
	58 r, m	65 r, u	
	78 r, u	184 r, u	
- ; pater familias		6 l, m	
verachten	125 l, u		
Verband e. Arztes		27 r, o	
verbinden	179 r, m		
Verborgenheit	21 l, o	31 l, u	
	31 r, o		
verbrennen	36 l, m	36 l, m	
	36 l, m	58 r, m	
- von d. Flamme		117 l, u	
Verbrennung	58 r, m		
verdächtigen (?)		142 l, u	
verderben	61 l, u	61 r, u	
	125 l, m		
verdoppeln	203 l, u		
verdorrt	11 r, m		
verdreifachen	96 r, m		
- , die Rede		49 l, m	
verdunkeln	145 r, u		
verdunkelt	86 r, u		
Verdunklung	87 l, o	130 l, o	
verehren	139 r, u	163 l, u	
Verehrung	177 l, u		
Vereinigung	15 l, m		
Verfall	79 r, m	205 l, m	
verfinstert werden		168 l, m	
Verfinsterung	14 r, m	15 r, u	
verfluchen	20 l, m	20 l, u	
- , bannen		20 l, u	
verfolgen	207 r, o		
Verführer	79 l, m	80 l, o	
vergelten	69 r, m		
vergessen	122 r, m	160 r, o	
vergewaltigen		66 l, u	
verheeren	26 r, u	36 r, m	
	125 l, u		
Verheerung	201 l, u		
verherrlichen	8 l, m		
verjagen	176 r, o		
- (?)	176 r, o		
verköstigen	99 l, o		
Verköstigung, etc.		197 r, o	
verkünden	72 r, o		
Verlangen	4 r, u	20 l, u	
	20 r, o	21 r, m	
	41 l, o		
verlangen	20 r, o	210 l, m	
Verlauf	82 r, m		
verleumden	75 l, u	80 l, o	
Verleumder	91 r, u	144 l, o	
- (?)	91 r, u		
verleumderisch umhergehen		79 r, u	
Verleumdung	91 r, u		
Verlust an Emmer (beim Mahlen)		20 l, m	
vermehren	69 r, m	71 l, m	
	176 r, o	194 l, m	
Vermögen	66 l, o	199 l, m	
vernichten	36 r, m	64 l, u	
Vernichtung	61 r, u	96 l, o	
- (siehe Zitat, Deimel)		62 l,o	
verriegeln	121 r, u	203 l, u	
- das Tor v.		112 l, m	
versammeln	48 r, o		
Versammlung	23 l, u	106 r, m	
	109 l, u	186 l, o	
Verschalungsziegel		110 r, m	
Verschlag	10 r, o		
verschliessen		58 r, o	
	59 r, m	68 r, u	
- (das Haus)		47 r, m	
- , Haus/Tür		59 r, m	
verschlossen sein		30 r, u	
Verschluss	43 r, o	157 r, u	
	180 r, m		
verschönern (?)		155 l, m	
Verschwinden		60 r, o	
versinken, etc.		178 l, o	
versorgen	99 l, o		
Versorger	99 l, o		
Verstand	40 r, u	40 r, u	
	45 r, m	45 r, m	
	45 r, u	67 l, m	
	98 l, u	108 r, u	
	113 r, m	149 r, m	
	169 l, o		
verständig	44 l, m	44 l, m	
verstärken	194 l, m		
verstopfen	57 l, o	153 l, u	
vertauschen (sich eine andere Frau nehmen)		24 r, m	
vertiefen	185 r, u		
Vertiefung	32 l, u		
vertrauen	133 r, o		
Vertrauen	133 r, o		
- (=hohe Mauer)		24 l, m	
vertreiben	120 l, m	141 r, o	
	176 r, o		
- (?)	71 l, o		
- (die Fest störenden Dämonen ?)		16 r, m	
vertrocknet	181 l, m		

V

verwerfen		199 l, m	vollkommen	48 r, m	74 l, m
verwickeln	61 l, u			84 r, o	165 l, u
verwirren	154 r, o			194 r, u	
Verwirrung	14 r, m	110 r, m	– , etc.	190 l, u	
	191 r, m		– machen	74 l, u	
Verwundung	128 l, u	207 r, u	– sein	106 r, u	
verwüsten	17 r, o	19 r, o	Vollkraft	107 l, u	107 l, u
	36 r, o		vollkräftig werden		117 l, u
verwüstet	43 r, o	142 l, m	Vollmondstag	100 r, u	104 l, u
verwüstet sein	17 r, o	205 l, m	voll sein	38 l, o	40 l, o
Verwüstung	12 l, u	17 r, o		54 l, m	73 r, m
	185 l, u			150 l, m	195 l, o
Vezier	200 l, m		– sein (von Leid)		86 r, m
Vieh	110 r, o	145 r, m	– sein/werden		87 l, o
	148 l, m	148 l, m		119 r, m	
– (?)	34 r, o		voll werden	54 l, u	56 r, u
Vieharzt	4 l, u			113 l, m	153 l, m
viel	69 l, u			153 l, m	180 l, u
– sein	154 r, o	195 l, o	vollständig sein		209 r, m
– werden/sein		86 r, u	von, ab	203 l, m	
Vielheit	84 l, u		von, in	203 l, m	
vier	154 l, o	157 l, m	von, weg	203 l, m	
	204 r, u		vor	131 l, u	131 l, m
Viergespann	36 r, u		vorangehen	174 r, u	
vierzig	172 l, m	172 r, o	vorbeiziehen lassen		35 l, m
Vlies	8 r, o	118 r, m	Vorderfuss	4 r, m	
Vogel	18 l, u	33 r, m	Vorderseite	46 r, o	46 r, m
	35 l, u	35 l, u		76 r, o	115 r, u
	36 l, o	65 l, m		116 l, o	131 l, m
	101 l, m	101 l, u		131 l, m	
	101 r, m	166 r, u	vorenthalten		49 l, m
	198 l, o		Vorhaben	108 r, u	
– (Wasser-V.)		18 l, m	vorhanden sein (hinreichend)		
– -Brut	28 l, m			53 l, m	
– einsperren		184 l, m	Vorhof	119 r, u	
– (Falke ?)		139 r, u	– e.Tempels/Palastes	150 l, u	
– , langfüssiger		41 r, o	vorn	131 l, u	
Vogelfänger (mit Hülfe e.			Vorratsraum	34 r, m	
Lockvogels)		20 l, u	vorrücken	48 r, o	
Vogeljunges	206 l, u		Vorsicht	25 r, u	
Vogelnest	7 r, o	57 r, m	Vorsteher	11 l, m	39 r, m
	110 r, m	150 l, o	vorstossen	74 l, m	
– (?)		114 l, o	vorübergehen		83 l, m
Vogelnetz (?)		123 l, u	– lassen	191 l, u	
Vogelschlinge		41 l, u	vorüberziehen		63 r, u
Vogelzüchter	184 l, m		Vorzeichen	55 l, m	116 r, o
Vögel fangen	83 l, u			133 l, u	133 l, u
Volk	40 l, o	103 l, u	– bestimmen		192 r, m
	106 l, u		Vorzeit	76 r, o	188 l, u
Volksführer	106 r, m		vulva	9 l, o	38 l, m
vollenden	68 l, u	74 l, u		40 r, u	48 r, u
	178 l, u	203 l, u		96 l, o	141 l, m
	203 r, o			149 l, m	164 l, o
vollendet	23 r, m	48 r, u		166 r, o	166 r, o
– (?)	48 r, u			166 r, o	175 r, u
				188 l, u	192 l, m
				208 l, u	

W

Wache	92 r, o 92 l, m	wann, als, wenn	100 r, m
Wacholder	15 r, m 115 l, m	- : für wann, nur immer	106 r, o
	115 l, m	Ware, irdene	134 r, m
Wachs	38 l, u	warm, heiss werden	36 l, m
wachsen, üppig	97 r, u	- (v. Tage)	193 r, o
	153 r, u 155 l, u	warten	50 l, o
- : üppiges Emporwachsen		- auf jem. 62 r, o	64 l, o
d. Getreides	15 r, o	Wärterin (?)	57 l, u
wachsend	126 l, m	was	93 l, o
Wachstum	6 r, m 7 r, m	was ?	203 l, u
- , zerstörtes	35 l, m	was immer	3 r, u
Wächter	92 l, m 92 r, o	waschen	152 r, m 155 l, o
Wadi	181 r, u		206 r, o 206 r, o
Waffe	100 r, u 103 l, o	- ,m.Wasser reinigen	21 l, m
	104 r, u 118 r, o	- , sich	101 l, u
	124 l, o 124 l, o	Wäscher	10 r, m 21 l, m
	124 l, m 131 r, m		45 r, u 164 r, m
	143 r, o 143 r, o	Waschung	206 r, o 206 r, o
	163 l, o 187 l, o	Wasser	1 l, o 1 l, o
	191 l, u 200 l, m		6 l, o 17 l, m
	203 r, o 207 r, m		87 l, u 93 r, m
- : mit der W.schlagen 65 r,m			94 r, o 97 l, u
Waffenlärm (?)	21 r, o	-	161 r, o 195 r, o
Waffenschmied	34 r, u	- abdämmen	171 l, u
Wage	192 r, o	- abschliessen	49 l, m
Wagen	60 l, m 60 l, m	- :m.W.reinigen	10 r, m
	159 r, o	(s. auch oben bei	
- besteigen	60 l, u	waschen) 21 l, m	
- :Teil e. W. 9 r,o 199 r, u		- (schmutziges ?)	1 r, o
- :Teil e. W. (?)	91 l, m		2 l, o
Wagengeschirr (?)	12 l, o	- , schwarzes	89 l, u
wägen	153 l, m 153 l, m	- :m.W.überschwemmen	1 r, o
wahr	120 r, o	- :m.W.wegreissen	17 r, o
Wahrsager	15 l, u 105 l, u	Wasserausgiesser	72 r, o
Wahrsagepriester	10 r, m	Wasserausgiessung	1 l, u
Wahrzeichen (?)	112 l, m	Wasserbehälter	31 l, m
während	92 r, m		93 r, o 146 r, m
Wald	210 r, o		157 r, u
- (?)	98 l, u	Wasser+binden (?)	21 r, m
Walker	10 r, m 142 l, o	Wassergefäss	1 r, m 12 r, m
Wall: mit e.W.umschliessen 76 l,m			90 r, u 186 r, m
Wand	5 l, o 48 l, u	Wassergraben	87 l, u 87 l, u
	65 r, o 89 r, o		118 r, o 133 r, m
	119 l, u 119 r, o		184 l, o
	119 r, o 129 r, m	Wasser-kennend	10 r, m
	133 l, u 135 l, u	Wasserläufer	42 l, m
	135 l, o 166 l, u	Wasser+Ort (Seite)	7 l, u
- einreissen	47 r, m	Wasserquelle	134 r, o
	59 r, m	Wasserreservoir (bei e.	
- , feste	135 l, m	Kanale)	146 l, m
Wandsenkung	87 r, o	Wasserrinne	203 r, o
wanken	198 r, u 207 l, m	Wassersack, lederner	1 r, o
	207 l, u		2 l, m
- : ins Wanken bringen 9 r, m		Wasserschale	102 r, m
wann immer	104 r, m		

W

wegraffen	106 l, m		
Wassersucht	1 l, u		
Wassertümpel	108 r, o		
Wasseruhr	83 l, u		
Wasservogel	9 l, u	18 l, m	
Wasservögel (langfüssige)	8 r, m		
waten, im Schlamm		198 r, o	
weben (?)	80 r, u		
- (walken?) d.Kleid		207 r, o	
Weber	86 l, m	113 l, u	
Weg	18 l, m	41 r, u	
	51 r, o	63 l, u	
	63 r, u	63 r, u	
	92 r, u	123 r, o	
	123 r, u	141 r, u	
	174 r, m	178 r, m	
	178 r, m	182 l, m	
	182 r, m	202 l, m	
	203 r, o		
- , breiter		14 r, o	
- , etc.	182 r, m		
- , v.Mauern umschlossener Weg (?)		14 l, u	
weg, von	203 l, m		
wegbringen	25 l, m	208 l, m	
wegen	162 r, u	169 l, m	
wegfliegen	70 l, o		
wegführen	190 r, o		
weggehen	83 l, m		
wegnehmen	33 l, u	57 r, u	
	70 l, o	72 l, o	
	82 r, u	84 l, u	
	142 l, o	142 l, u	
	190 r, o	205 r, m	
	209 l, o		
- (?)	71 l, m		
wegraffen	23 r, m	83 l, o	
	190 r, o	209 r, m	
- (?)	126 r, o		
- , die Auge		17 l, u	
- , v.d. Krankheit		127 l, o	
wehe	100 l, m	100 l, m	
	168 l, o		
wehe, ach	99 l, o		
Wehe	100 l, u	101 r, u	
Wehe, ach	3 l, u		
Wehe! (Interjektion)		129 l, m	
wehen	30 r, u	31 l, o	
	116 l, m	116 r, m	
-	190 r, m		
- (Naturlaut)		30 l, m	
Wehgeschrei	9 r, m	11 l, m	
	30 r, o	49 l, o	
	49 l, u	51 l, m	
	77 r, o	91 l, u
	100 l, m	100 r, m
	161 r, m	204 r, o
	204 r, o	204 r, m
	209 r, u	
- (Röcheln ?)		9 l, m
Wehklage	9 r, o	21 r, m
	62 r, o	72 r, o
	95 l, u	95 l, u
	103 l, m	103 l, u
	129 l, m	130 l, o
	137 l, o	137 r, m
	138 l, o	158 r, m
	176 l, o	
- (?)	62 r, o	
wehklagen	49 l, m	62 r, o
	62 r, m	129 l, m
	129 r, m	130 l, o
	132 r, m	138 l, m
- (?)	9 r, o	
weichen	34 r, u	40 r, m
	69 l, o	120 l, m
Weide	99 l, o	
- für Vieh		7 l, o
- suchen	99 r, m	
- und Tränke		99 l, o
weiden	105 l, o	191 r, o
e.Weiden oder Pappelart		122 r, u
weihen (ins Wasser werfen)		2 l, u
weil	8 l, u	
Wein	45 r, u	
- , guter		147 r, m
- : mit Wasser gemischter Wein	1 r, m	46 l, o
	58 r, u	143 l, o
weinen	97 l, u	130 l, o
	137 r, m	138 l, o
	139 l, o	195 r, u
	198 l, m	
Weinen	95 l, u	
Weingärtner	46 l, o	
Wein-Kelterer		46 l, o
Wein(-Krug ?)		147 r, m
Weinranke	46 l, o	
weise	39 r, m	44 l, m
	44 r, o	45 r, m
	194 r, o	
weise; Weiser		7 l, u
Weiser	44 l, m	
Weisheit	66 r, u	67 l, m
	67 l, m	118 l, o
	204 r, o	
weiss (sein)		23 r, o
Weisswein	46 l, m	

W

weit	39 r, m	60 l, o	Widerspenstigkeit		154 r, m
	67 l, u	69 l, u	widerstehen	38 l, u	
	204 r, m		widerstreben		59 l, m
- machen	195 l, o		wie	45 l, o	85 l, u
- sein	69 l, u	70 l, u		90 r, u	97 l, m
	185 r, o	185 r, m		158 l, m	195 r, m
	198 r, u		wiederherstellen		56 r, o
weit sein, etc.		185 r, o	wiederholen	49 l, m	
weitsinnig	35 l, o	58 r, m	wiederkehren		54 l, o
Weizen	59 l, o	59 l, m	wie lange noch		3 r, o
Weizen-Löhnung		22 l, o	Wiesel (?)	140 l, m	
welche ?	203 l, u		wild	75 l, m	110 l, o
Welt	34 r, u	52 r, o	Wildesel	16 r, o	90 l, u
	97 r, m	101 l, u	Wildochs	6 r, m	
	143 l, u	148 r, m	- (?)	6 r, o	
	172 l, u	173 l, o	Wildstier	13 l, m	13 r, o
	193 l, u	198 l, u	Wille	108 r, u	
	198 r, m		- : eines Willens sein 19 r,u		
Weltall	194 r, u		willfährig sein		196 r, o
Weltteil, etc.		198 l, m	Willfährigkeit		103 r, o
wenden	53 r, u	54 l, o	willig sein	44 r, u	62 r, o
	56 r, o	56 r, u	Wind	32 l, o	121 r, o
	58 l, o	58 l, m		134 r, m	134 r, m
wenden, sich	30 l, u	30 r, u		136 l, m	156 r, m
	54 l, o	54 l, o		156 r, u	162 r, o
	55 l, m	56 r, o		206 r, u	
	57 l, o	57 l, m	- , mächtiger		157 r, m
	76 l, u	171 l, m	winden, sich		59 r, m
	171 r, o		Winter	10 l, m	92 r, u
wenn	29 r, u	207 r, m		94 r, o	97 r, o
wenn, als, wann		100 r, m	wir	161 l, m	
wer ?	3 r, u		wissen	118 l, o	118 l, m
werfen	8 l, ö	26 r, m	Witwe	203 r, u	
	40 l, o	74 r, u	- unterhalten		68 l, o
	97 l, u	128 r, m	wo	158 l, m	161 l, m
	143 r, m	150 r, u		161 l, m	
	180 r, u	190 r, m	Wohl	78 r, m	
	199 l, m		wohlan	37 l, m	
- , etc.	153 l, m		Wohlbefinden		182 r, u
Werk	108 r, u	208 l, m	Wohlgeruch	137 r, m	137 r, u
Werkmeister	107 r, u	107 r, u		196 r, u	
Werkzeug	65 l, m		wohnen	29 l, m	39 r, u
wertvoll	30 r, u	140 r, u		39 r, u	73 r, o
Westen	66 l, m	159 r, m		81 l, u	81 l, u
	198 r, m			143 r, o	209 r, m
Westland	209 r, o		Wohnraum	28 r, m	29 l, m
wetteifern	73 l, u			29 r, o	98 r, m
Wetter	92 l, u	100 r, m		198 r, m	
wickeln	41 l, m	58 r, o	Wohnsitz	109 l, o	112 l, o
	61 l, u	126 l, m	Wohnung	6 l, m	7 l, m
- (?)	56 r, m			7 r, o	29 l, o
Widder	13 l, o	102 l, o		29 r, o	69 l, m
	114 r, o			73 r, u	74 l, o
				179 r, u	

W

Wolf	110 l, m		wühlen	198 r, o	
- (?)	110 l, m		Würdenträger, e.hoher		170 l, o
(wie) Wolken treiben,			Wurfgeschoss	66 l, o	
ziehen	87 l, m		Wurfwaffe	165 l, u	
Wolkensturm	40 l, u		Wurm	105 r, m	128 r, o
wolkig	40 l, m			139 r, u	159 r, o
Wolle	67 l, m	181 l, u		208 l, o	
	182 l, m		- : (Glüh-)W.		77 l, m
- ,dunkelrote	71 r, u	71 r, u	Wurzel	110 l, u	110 l, u
- kämmen	37 l, u		Wüste	17 r, o	27 l, m
wollen	75 r, m	79 l, m		64 l, u	65 l, u
	82 r, u			115 r, u	
Wollkleid	127 l, m		Wüstenei	17 r, o	142 r, m
Woll-Löhnung		22 l, o	Wüstensturm	50 l, o	
Wonne	117 l, u	139 r, m	wüst sein	19 r, o	
Wort	79 r, m	93 r, m	Wut	39 l, u	119 r, m
	137 l, o		- haben	119 r, m	
- sprechen		80 l, o	wüten	119 r, m	
wuchtig	5 l, o		wütend	48 r, m	119 r, m
- sein	41 r, o	206 r, m		119 r, m	

Z

Zahl	54 l, u	106 r, m	
	203 r, m		
Zahl 10	98 l, m		
zahlen	32 r, u		
zählen	98 l, m	203 r, m	
Zählung	114 r, u	131 r, u	
	149 l, m	163 l, o	
	203 r, o		
Zahn	50 r, o	118 l, m	
	177 l, m		
Zahnwurzel	116 r, m		
Zauber (d.Z.lösen)		32 r, u	
Zauberei	105 r, u		
- (durch Speichel machen bewirkte Z.)		79 l, u	
Zauberin	105 r, u		
Zauberlösung	33 l, u		
Zaun (?)	109 r, o		
Zaum	113 l, u		
Zeder	95 r, m	96 r, m	
	96 l, u	100 r, o	
- (?)	124 l, m		
- , hochgewachsene		96 r, o	
Zedernart	96 r, o	96 r, o	
Zedernholz (? Öl), duftendes			
		96 l, u	
Zehe	77 r, u	180 l, u	
zehn	98 l, m	106 l, u	
	121 l, u		
Zehnt	116 l, m		
zehnter	116 l, m		
Zeichen	133 l, u	133 l, u	
zeichnen	65 r, m	123 l, m	
Zeichnung	123 l, u		
Zeile	163 l, m	163 l, u	
Zeit	92 l, u	92 r, m	
	100 l, u	100 r, m	
	104 l, m		
- (?)	133 l, u		
- best..	104 r, o		
- des Schwarzmondes	101 l, o		
- : auf ferne Zeiten	104 r, m		
- : zu jener Zeit	104 r, o		
Zelt	6 r, o	91 l, o	
	115 l, u		
Zenith (?)	27 r, u		
zerbeissen	178 l, o	183 l, u	
zerbrechen	35 r, u	39 l, m	
	43 l, m	52 l, m	
	52 l, m	52 r, m	
	55 l, o	111 l, m	
	123 r, u	124 l, o	
	192 l, m	205 l, o	
	205 l, m	205 l, u	
	205 l, u		
- , e.Tafel z.		33 l, o	

zerbrochen	87 r, o	178 l, u	
	200 l, u		
- sein	182 r, m		
zerbrochener Topf		202 l, u	
Zeremonie, e.religiöse		8 l, m	
zerfallen sein		29 r, u	
	35 r, m		
zerfallen, zerrissen		23 r, m	
zerfetzen	37 l, o		
zerfetzt	38 r, u		
zerfleischen (mit den Zähnen)		118 l, m	
zerkauen	178 l, o		
- (?)	43 l, o		
zerkleinern	18 l, o		
zermahlen	17 r, u	18 l, o	
	110 r, u	158 l, m	
zermalmen	43 l, o	53 l, m	
	64 l, m	124 l, o	
	125 r, u	126 l, o	
- v.d.Zähnen		43 l, m	
zermalmt	103 l, m		
- , o. dgl.		12 l, m	
zerquetschen		111 l, u	
zerraufen	192 r, m		
zerreiben	18 l, o		
- v. Mühlstein		52 r, m	
zerreissen	8 l, m	30 l, m	
	37 l, o	51 r, u	
	52 l, m	52 l, m	
	53 l, m	53 r, o	
	76 r, m	76 r, u	
- , etc.	163 r, u		
- , v. Gift		33 l, m	
- e. Lederriemen		76 r, u	
zerrissen	29 r, u	38 r, u	
- , zerfallen		23 r, m	
zerschlagen	39 l, o	42 r, m	
	53 l, m	76 r, m	
	118 l, m	119 l, m	
	122 l, m	123 r, u	
	135 r, o	204 l, o	
- (die Brust)		52 r, u	
zerschmeissen	76 r, m	76 r, u	
	77 l, m		
zerschmettern		36 r, o	
zerschneiden	52 l, m	52 l, m	
	54 r, o	54 r, o	
	55 r, o	56 l, m	
	56 l, m	56 l, m	
	56 l, m	71 l, m	
	71 l, m	71 l, m	
	123 r, u	124 l, o	

Forts. S. 64.

Z

zerschneiden	(Fortsetzung S.63.)		
	126 r, o	140 r, m	
	145 l, o	145 l, u	
	182 l, u	182 r, o	
	182 r, u	192 l, m	
- , d. Fleisch		37 l, o	
	144 l, u		
zerschnitten	33 l, m	57 l, u	
zerspalten	86 r, m		
zersprengen	71 l, m	206 r, u	
zerstampfen	47 r, m	64 l, u	
	188 r, u		
zerstören	8 l, m	24 r, m	
	35 r, u	52 r, m	
	52 r, m	65 r, o	
	69 l, o	71 l, m	
	72 l, u	86 r, m	
	113 l, u	119 r, u	
	142 l, m	154 r, o	
	163 l, m	179 l, u	
	184 l, u	185 l, u	
	189 l, u	192 l, m	
	198 r, o	205 l, m	
	205 l, m	205 l, m	
- , e. Stadt		4 l, o	
Zerstörer	124 r, u		
- (?)	50 l, m		
zerstört	43 r, o	71 l, m	
	87 r, o	200 l, u	
- werden	87 r, o		
Zerstörung	36 r, m	87 r, u	
	122 r, o	204 l, o	
- (?)	205 l, m		
zerstossen	18 l, o	39 l, o	
	39 l, m	111 l, u	
	188 r, u		
- , d. Getreide		39 l, m	
- : zu Graupen zerstossen			
	18 l, o		
zerstreuen	26 r, u	36 r, m	
zerstückeln	36 l, o	71 l, u	
zerteilen	21 l, u	30 l, o	
Zerteilung	21 r, u		
zertrennen	56 l, u		
zertreten	64 l, u		
- (?)	11 r, u		
- mit d. Fuss		52 r, u	
zerzupfen	35 r, o		
Zeuge	93 r, m	137 l, o	
zeugen	3 l, m	75 r, o	
	78 r, u	101 l, m	
- , etc.	190 l, m		
Zeugung	2 r, m		
Zicklein	160 r, m	160 r, m	

Ziege	105 l, u		
- , junge	20 r, m		
Ziegel	146 l, m	181 r, m	
	196 l, o	196 l, o	
- streichen		74 r, m	
Ziegelform	66 l, o	100 r, o	
	114 l, o	199 l, m	
Ziegelstein	156 r, o		
Ziegelstreicher		75 l, m	
Ziegenbock	160 r, m	182 l, m	
	196 l, u		
- : stossen v.Ziegenbock			
o. Stier		190 l, u	
ziehen	30 r, o	60 r, o	
	60 r, m	87 l, o	
	113 l, m	198 r, o	
- ,treiben,wie Wolken		87 l, m	
- e.Schiff m.e.Tau		60 r, m	
Zierde	205 r, u		
Zigurratum, Stufenturm		101 r, m	
- , Stufe des Z.		101 l, m	
Zimmer	98 r, m		
Zinne (?)	24 l, o		
Zins	111 l, m	160 r, m	
- , etc.	191 l, m		
- tragen	11 l, u		
zinsfrei	34 r, m		
zinsfreies Darlehn		72 r, m	
	97 l, o	111 l, m	
zinsloses Darlehn		133 r, o	
Zisterne (?)		185 r, u	
zittern	9 r, o	103 l, u	
	125 r, u	125 r, u	
	164 l, m	207 l, m	
	207 r, u		
Zittern	130 l, m		
Zoll erheben		20 r, o	
Zöllner	145 l, m	161 l, o	
Zorn	8 r, o	48 r, m	
	64 r, m	83 r, o	
	83 r, o	103 l, o	
	130 r, m	162 l, u	
zornig	30 r, m	47 l, m	
	103 l, o	103 l, o	
	130 r, m		
zornig sein	130 r, m		
Zottelrock	148 l, o	153 l, u	
zu	3 r, m	97 l, m	
	103 r, m		
zu, auf	203 l, m		
zu, hin, etc.		198 r, o	
Zubringung	73 r, o		
zucken	104 r, o	125 r, u	
	164 l, m		

Z

zucken (?)	200 l, u		zusammen	20 l, o	
zuckend	125 r, u		zusammenbinden		5 l, m
zudrücken (?), d. Auge	80 l, m	zusammendrücken		30 r, m
	131 r, m			47 l, m	
(von) Zugtieren		27 l, m	zusammenfügen		25 l, m
Zügel	4 r, o	9 r, m	zusammengefügt		11 r, o
	66 r, u	70 r, m	zusammenkommen		55 l, o
	112 r, u	113 l, u		76 r, m	
	126 l, m	135 l, o	zusammenringeln, sich	61 r, m
Zukunft	3 r, u		- , v.d. Schlange	47 r, u
(in) Zukunft	104 r, o			59 r, m	
zukünftig	26 l, u		Zusammensein 109 l, u	
zumessen	8 l, u		zuteilen	21 r, u	122 l, u
Zunge	91 l, u	91 r, o	zuverlässig	120 r, o	205 l, u
Zungenmensch	91 r, u		- , fest sein		120 r, o
zürnen	48 r, o	48 r, m	zuwenden	54 l, o	
	48 r, m	83 r, o	- , sich	55 l, m	56 r, o
	130 r, m	204 l, m		171 r, o	
- , etc.		193 l, o	zwei	159 l, m	159 l, m
zurückbringen		56 r, o		167 r, m	
zurückgeben	53 r, u	56 r, o	Zweig	65 l, u	
zurückhalten	26 r, o	47 l, u	- , mit reifen Früch-	
	52 r, m	83 l, u	ten	28 l, m	28 l, m
	172 l, m		(der) Zweite		173 r, m
zurückkehren	56 r, o		Zwiebel (?)		179 l, o
zurücklassen	203 r, u		Zwilling	20 l, o	159 l, o
- , etc.	204 l, m			160 l, u	160 l, u
zurücktreiben		38 l, u		160 r, o	160 r, o
zurückwenden	56 r, o	59 r, o		175 l, u	
zurückzahlen		54 l, o	Zwillingsgottheit		134 l, o
zur Seite		119 r, o	Zypresse (?) 67 r, m	124 l, m

EINTRAGUNGEN GRAMMATISCHER UND ARITHMETISCHER NATUR

Abstraktbildend	8 l, m	169 l, o
Bestandteil (entbehrlich) am Ende		
zusammengesetzter Ideogramme		79 l, u
Beteuerung-, Wunsch-Partikel	124 l, u	
Determinativ	78 l, u	99 l, m
	99 l, o	148 l, o
	154 r, o	166 r, m
	169 r, m	174 l, o
Gesteigert, intensiv (gramm.)		30 l, o
Genitivpartikel	8 l, m	8 l, u
Genitivsuffix	3 r, m	141 r, o
Hilfsverb	7 r, u	
Imperativpartikel	100 l, u	
Infix	15 r, m	
Infix, Verbal-	6 l, u	67 l, u
Negation	169 r, o	
Postposition	67 l, u	
Praefix	15 r, m	
Praefix, Verbal-	6 l, u	6 r, o
	6 r, m	7 r, m
	11 r, o	14 l, u
	14 r, o	22 l, m
	22 r, o	22 r, m
	24 l, u	24 l, u
	25 l, m	92 r, u
	130 l, m	
Praefix, voluntativ	37 l, m	
Suffix	15 r, m	
- , gramm.	44 r, o	
- , d. Loc. bzw.Temp.	3 r, m	
- , Nominal-	14 l, u	189 l, u
- , Nominal-Verbal	96 r, u	
- , Plural- b. Verbalformen		96 r, m
- , Plural	121 l, u	
- , Pronominal	22 l, m	
- , Verbal-	92 r, u	
Gewichts- und Geld-Wert	157 r, u	
Massgefäss (gur)	54 r, u	
Math. term. techn.	25 l, m	193 l, m
Multiplikation	18 l, m	
Ordnungszahlen, Suffix nach		141 r, o
"plus" in Felderplänen	26 r, u	
ins Quadrat erheben	65 r, m	
Tonne	54 r, m	
Zeitmass	157 r, u	
3600		195 l, o
3600 x 20; 3600 x 40; 3600 x 50		195 l, u
60^3 ; 60^4		195 l, u